OJOS QUE HABLAN

Edimilson Franca

CONTENTS

OJOS QUE HABLAN

Introducción:

Sus ojos hablaron. Era algo que nunca había visto antes, pero en el instante en que sus ojos se encontraron, una energía indescriptible recorrió su cuerpo. Como si el universo se hubiera quedado en silencio para que sólo pudiera existir ese intercambio de miradas. En ese momento, en medio del torbellino de voces y sonidos, todo pasó a un segundo plano. No necesitaban palabras, gestos ni explicaciones. Se había dicho algo más profundo en silencio, un secreto compartido entre dos almas que apenas se conocían, pero que, de alguna manera, siempre habían estado conectadas.

La ciudad circundante era un reflejo de una opulencia que ocultaba oscuros secretos. Lujosos edificios se elevaban hacia el cielo, mientras las calles se llenaban de gente elegante, que caminaba apurada y distraída por los relucientes escaparates. Allí, el dinero hablaba más que el amor y el lujo enmascaraba el vacío de la soledad. Sin embargo, en ese momento, ni el brillo de las joyas en los escaparates ni los relucientes autos que cruzaban las avenidas pudieron competir con la fuerza de ese intercambio de miradas.

Era un hombre de negocios, acostumbrado a manejar grandes cantidades de dinero, cifras que para la mayoría de las personas sólo existían en sueños. Gabriel había construido un imperio con sus propias manos, partiendo de orígenes humildes y luchando con cada gota de sudor y sangre. Su trayectoria fue una historia de superación, de alguien que había dejado atrás las calles polvorientas de un pequeño pueblo rural, donde las oportunidades escaseaban y los sueños parecían inalcanzables. Pero sus ojos, a pesar de ser fríos ante el mundo, eran el espejo de un alma que albergaba un vacío que el lujo nunca había llenado.

Ella, en cambio, era un misterio. Sus ojos, profundos y enigmáticos, escondían una historia que él aún no conocía, pero que lo intrigó desde el primer momento. Isabela era una mujer de orígenes igualmente humildes, pero a diferencia de Gabriel, todavía luchaba por sobrevivir en un mundo que la ignoraba. Proveniente de una familia sencilla, trabajaba en una pequeña tienda, lejos de los focos de la riqueza y el poder. Sin embargo, su esencia brillaba con una fuerza que nunca antes había visto en nadie. Había algo en sus ojos que revelaba una profundidad, una vida llena de desafíos, pero también una belleza única.

Su encuentro se produjo de forma casual, como tantos otros encuentros en la vida. Salía de una reunión de negocios en uno de los edificios más caros de la ciudad, donde acababa de cerrar un contrato millonario. El encuentro había sido una victoria, un paso más en su ascenso hacia la cima. Pero por alguna razón, ese día, el sabor del logro me pareció amargo, como si faltara algo. A lo largo de los años, había aprendido que el éxito tenía un precio y que la soledad era el impuesto más alto que uno pagaba. Sin embargo, hasta ese momento pensó que el precio valía la pena.

Isabela estaba al otro lado de la calle, cargando unas modestas bolsas de compras. Acababa de salir del trabajo, agotada por un largo día, pero aún con una sonrisa discreta en el rostro, esa clase de sonrisa que sólo pueden mantener quienes cargan con esperanzas secretas. Sus ojos, sin embargo, revelaban una verdad diferente: estaban cansados, marcados por desafíos y luchas diarias. Pero cuando levantó la vista y sus ojos se encontraron con los de Gabriel, algo cambió. No fue sólo un intercambio de miradas. Fue como si, de repente, se abriera un abismo entre ellos y ambos estuvieran al borde de algo grande y peligroso, algo que ninguno de los dos estaba preparado para afrontar.

El mundo a su alrededor seguía girando, la gente pasaba apresuradamente, los coches tocaban las bocinas y las luces de la ciudad empezaban a encenderse mientras el sol se ponía en el horizonte. Pero para ellos el tiempo parecía haberse detenido. Había algo profundo en esas miradas, una conexión inexplicable que ninguno de los dos podía ignorar. Gabriel, acostumbrado a controlar todos los aspectos de su vida, se sintió vulnerable por primera vez en años. No estaba preparado para la intensidad de esa mirada. Algo dentro de él se agitó, una parte olvidada de su alma que creía haber enterrado bajo capas de éxito y ambición.

Isabela, a su vez, sintió una chispa encenderse en su interior. Ese intercambio de miradas provocó emociones que ella ni siquiera sabía que existían. Años de lucha y dificultades la habían endurecido, haciéndola construir un muro alrededor de su corazón. Pero en ese instante, se dio cuenta de que por mucho que intentara esconderse, sus ojos no mentían. Y en sus ojos vio algo que la atraía, una mezcla de poder y soledad, de riqueza y vacío. No sabía quién era ni qué hacía, pero sabía que esa mirada decía más que cualquier palabra.

Con el paso de los minutos, algo parecía inevitable. Sabían que este encuentro no había sido casual. Algo más grande, algo que trascendía la lógica y la razón, los había enfrentado. No era sólo una atracción física, aunque era innegable que ambos se sentían atraídos el uno por el otro. Era como si las miradas hubieran desnudado sus almas, revelando secretos que aún no tenían el valor de confesar, ni siquiera a sí mismos.

A partir de ese momento nada volvería a ser igual. El encuentro de sus miradas fue solo el comienzo de una historia que cambiaría sus vidas para siempre. Los caminos de Gabriel e

Isabela estaban a punto de cruzarse en caminos que nunca podrían predecir, y los ojos que hablaron esa tarde serían testigos de un amor ardiente, lleno de misterios, lujos, pérdidas y, sobre todo, emociones profundas que marcarían para siempre sus almas. .

CAPÍTULO 1:
"DOS MUNDOS, UN DESTINO"

La noche cayó sobre la ciudad, trayendo consigo una suave brisa que acariciaba los rostros de las personas que caminaban por las calles iluminadas. Gabriel, sin embargo, ya estaba alejado del bullicio urbano. Había regresado a su lujoso apartamento en lo alto de uno de los edificios más imponentes del centro de la ciudad. De pie en el balcón, observaba el horizonte, donde las luces de la ciudad se mezclaban con el resplandor de las estrellas. Pero en ese momento nada de eso le impresionó. Sus pensamientos quedaron atrapados en esa mirada que lo había desestabilizado antes. Los ojos de esa mujer todavía atormentaban su mente, como una promesa tácita.

Para cualquier otra persona, sería fácil olvidar un encuentro casual, especialmente en una ciudad tan grande e impersonal como ésta. Pero algo en Isabela se había arraigado en su interior de manera inexplicable. Tal vez fuera la sinceridad en sus ojos, o la vulnerabilidad que él, acostumbrado a lidiar con juegos de poder y manipulación, no había visto en mucho tiempo. Gabriel sintió que necesitaba saber más sobre ella, entender qué había detrás de esa mirada. Pero una voz en su interior le advirtió de los peligros. Sabía por experiencia que cuanto más se acercaba alguien a su vida, más riesgoso se volvía.

El teléfono sonó, sacándolo de su ensoñación. Era Marcos, su mejor amigo y socio, siempre atento a oportunidades y al próximo gran negocio.

— Entonces, ¿has visto los números del contrato de hoy? — La voz de Marcos estaba llena de entusiasmo. — Estamos a punto de cerrar uno de los negocios más importantes del año, Gabriel. ¡Esto nos llevará a otro nivel!

Pero esta vez, Gabriel no compartió la misma euforia. Aunque todo iba bien en los negocios, algo dentro de él se sentía vacío. Sabía que debía estar celebrando, pero ese intercambio de miradas lo había afectado de una manera que ni siquiera él entendía.

— Sí, vi los números. — Respondió Gabriel, sin mucho entusiasmo. — Pero, hombre, necesito decirte algo. Hoy sucedió algo extraño.

Marcos se rió al otro lado de la línea.

— ¿Algo extraño? ¿Para ti Gabriel? — se burló. —¿Qué podría ser tan fuera de lo común? No me digas que viste un fantasma o algo así.

— No era un fantasma — dijo Gabriel, sonriendo levemente. —Pero tal vez fue algo peor. Vi... una mujer. Y no me refiero sólo a una de esas mujeres que conocemos en fiestas o eventos.

Marcos se quedó en silencio por un momento, probablemente tratando de entender lo que decía Gabriel.

—¿Una mujer? ¿Y estás hablando así de ella? Entonces ella debe ser especial.

—Sí, creo que lo es — admitió Gabriel, sintiéndose extraño

por abrir así su corazón.

—¿Y qué vas a hacer al respecto? — preguntó Marcos, curioso.

- No lo sé todavía. Algo me dice que no debería ignorar esto, pero al mismo tiempo... ya sabes cómo es mi vida. No es fácil dejar entrar a alguien.

Marcos se puso serio. Conocía los fantasmas del pasado de Gabriel, las cicatrices emocionales que lo habían convertido en el hombre despiadado que era hoy.

—Sólo te voy a decir una cosa, Gabriel — comenzó Marcos. — A veces, la vida nos pone en situaciones que escapan a nuestro control. Quizás esta sea una de esas oportunidades que no deberías dejar pasar. Pero, por supuesto, eso depende de ti.

Gabriel colgó el teléfono, todavía pensando en las palabras de su amigo. Quizás tenía razón. A veces la vida nos presenta encuentros inesperados que tienen el poder de cambiarnos, pero ¿estaba preparado para eso?

Mientras Gabriel reflexionaba sobre sus próximos pasos, al otro lado de la ciudad, Isabela también estaba sumida en sus pensamientos. Había llegado a su pequeño apartamento, un espacio sencillo pero acogedor. Sentada en un desgastado sillón, con una taza de té en las manos, no podía dejar de pensar en la mirada de aquel misterioso hombre que se había cruzado en su camino antes. Había algo en él, algo que iba más allá de la apariencia sofisticada y el traje caro que vestía. Sintió una conexión, algo raro en su vida tan marcada por las dificultades y la decepción.

Isabela vivía en un mundo completamente diferente al de Gabriel. Para ella la vida nunca había sido fácil. Criada en un barrio modesto de la ciudad, aprendió desde pequeña a luchar por cada pequeño espacio que conquistaba. Tras la muerte prematura de sus padres, Isabela asumió la responsabilidad de cuidar a su hermana menor, Sofía, quien en ese momento solo tenía cinco años. Ahora, con Sofía a punto de cumplir 18 años, Isabela todavía llevaba el peso de las responsabilidades sobre sus hombros, trabajando incansablemente para garantizar que su hermana pudiera tener una vida mejor que la que ella misma tenía.

Su trabajo en la pequeña tienda de ropa no era glamoroso y el salario apenas alcanzaba para cubrir los gastos del mes, pero sí para mantenerse en pie. Isabela no soñaba con riquezas ni lujos. Todo lo que quería era estabilidad, seguridad, algo que nunca había experimentado realmente. Sin embargo, esa mirada... ese hombre... despertó algo dentro de ella que la hizo cuestionarlo todo.

Ella sabía que él era diferente. Incluso sin intercambiar una palabra, sintió el peso de su presencia, como si el destino jugara con sus vidas. ¿Eso significó algo? ¿O fue sólo un encuentro fugaz, destinado a ser olvidado con el tiempo?

- ¿Estás bien? — preguntó Sofía entrando a la habitación e interrumpiendo los pensamientos de Isabela.

Isabela miró a su hermana y sonrió. Sofía era su mayor alegría, la razón por la que había luchado tanto todos esos años.

- Lo soy, sí. Sólo pensando un poco en la vida — respondió Isabela, sin mencionar el encuentro que había tenido.

— Estás cansado, ¿no? — preguntó Sofía sentándose al lado de su hermana. — Sé que trabajas duro para mí, Isa, y te estoy muy agradecida por todo. Pero también debes pensar en ti mismo de vez en cuando.

Las palabras de Sofía fueron sinceras e Isabela lo sabía. Siempre antepuso las necesidades de su hermana a las suyas propias, sacrificando sus propios sueños y deseos para garantizar que Sofía pudiera tener un futuro mejor.

— Estoy bien, Sofía. Y sabes que lo volverías a hacer todo, si fuera necesario — dijo Isabela acariciando el cabello de su hermana. — Pero, en realidad, estoy un poco cansado. Quizás necesito un cambio en mi vida.

Sofía miró a su hermana con curiosidad.

- ¿Cambiar? ¿Qué intentas decir?

Isabel se rió.

- No lo sé todavía. Tal vez sólo estoy divagando. Pero a veces siento que algo nuevo está por llegar.

Esa noche, mientras Sofía dormía en su habitación, Isabela se quedó despierta pensando en las palabras que le había dicho a su hermana. De hecho, había un sentimiento dentro de ella, como si algo estuviera a punto de cambiar en su vida. El encuentro con aquel hombre, cuyo nombre ni siquiera conocía, parecía haber desencadenado una serie de reflexiones que hasta entonces había evitado.

Miró por la ventana y vio la luna brillando intensamente en el cielo oscuro. De alguna manera, sintió que este encuentro no había sido casual. Pero, ¿cómo podía un hombre tan diferente a ella, alguien que claramente vivía en un mundo de riqueza y poder, cruzarse nuevamente con su vida simple y desafiante?

Isabela cerró los ojos y suspiró, sabiendo que aunque su vida no era nada fácil, algo dentro de ella anhelaba más. Más que la rutina diaria, más que las luchas constantes. Quería sentir la intensidad que esa mirada prometía. Pero ¿estaría preparada para afrontar todo lo que pudiera venir con ello? Sólo el tiempo lo dirá.

Mientras el destino movía silenciosamente sus piezas, Gabriel e Isabela no tenían idea de lo que les deparaba el futuro. Sin embargo, una cosa era segura: sus caminos estaban entrelazados y la historia que comenzaba a escribirse era mucho más grande de lo que cualquiera de ellos podía imaginar.

El primer capítulo estuvo marcado por el contraste entre los mundos de Gabriel e Isabela, resaltando sus diferencias sociales, pero también una conexión que trasciende lo material. Este encuentro inicial planta la semilla para el desarrollo de la trama, donde el amor, el lujo, la pobreza y el misterio se entrelazarán, creando la tensión emocional que guiará los próximos capítulos de esta épica y cautivadora historia de amor.

CAPÍTULO 2:
"MIRADAS QUE REVELAN SECRETOS"

La mañana llegó dulcemente, con los primeros rayos de sol invadiendo la ventana del lujoso departamento de Gabriel. Había dormido poco, la noche había sido larga y llena de pensamientos que no le dejaban descansar. Mientras miraba la ciudad que despertaba bajo sus pies, sintió que ese día sería diferente. Su mirada, siempre tan centrada en los números y los negocios, ahora estaba distraída. Aunque intentó concentrarse en las reuniones importantes que le esperaban, su mente volvió a ese momento, el breve momento en que sus ojos se encontraron con los de ella.

¿Pero quién era Isabel? ¿Y por qué Gabriel, un hombre acostumbrado al poder y al control, estaba tan conmocionado por una mujer que apenas conocía? Esos ojos, profundos y expresivos, habían despertado algo en su interior que creía haber enterrado hacía mucho tiempo.

El sonido de las notificaciones provenientes de tu celular interrumpió tus pensamientos. El día exigía tu atención y tu agenda estaba llena de citas. Gabriel se preparó rápidamente y, antes de partir, echó un último vistazo a la ciudad. Se estaba tomando una decisión dentro de él: necesitaba encontrar a esa mujer. Y lo más importante, necesitaba entender por qué ella se había metido tanto con él.

Mientras Gabriel recorría las concurridas calles de la ciudad, del otro lado, en un barrio mucho más modesto, Isabela también comenzaba su día. Su sencillo y acogedor apartamento reflejaba la vida que llevaba: trabajadora, siempre en busca de estabilidad, sin grandes lujos, pero con mucho esfuerzo. A diferencia de Gabriel, sus preocupaciones eran mucho más inmediatas y prácticas. Necesitaba asegurarse de que todo estuviera en orden en la tienda de ropa donde trabajaba. Su jefe, siempre exigente, exigía resultados que no siempre eran posibles dada la escasa clientela.

Mientras bebía su sencillo café, el recuerdo de Gabriel volvió con fuerza. Esa mirada... No podía olvidarla. En un solo encuentro, algo había cambiado dentro de ella. Isabela no era ingenua, sabía que hombres como Gabriel vivían en un mundo muy diferente al de ella. Ya había oído hablar de historias como la suya: hombres poderosos que no sabían lo que era luchar para sobrevivir, que tenían todo al alcance de su mano. Pero había algo más en él, algo que trascendía su apariencia sofisticada.

El camino hasta la tienda era corto y el barrio en el que vivía estaba marcado por una sensación de familiaridad y sencillez. Las calles siempre estaban transitadas, con vecinos que se conocían desde hacía años, compartiendo sus rutinas e inquietudes. Isabela se sentía segura allí, aunque muchas veces se preguntaba si su vida podría ser diferente.

Cuando llegó a la tienda fue recibida por Mariana, su compañera de trabajo y mejor amiga, quien la miró con una mezcla de curiosidad y preocupación.

— Hoy pareces distraída — comentó Mariana, ajustando algo de ropa en las perchas. - ¿Todo está bien?

Isabela sonrió, pero no pudo ocultar del todo la confusión en sus ojos.

"Simplemente... conocí a alguien ayer, de una manera ligeramente... diferente", admitió, tratando de sonar casual.

Mariana enarcó una ceja, visiblemente intrigada.

— ¿Conociste a alguien? ¡Es interesante! Dime ¿quién es? ¿Y cómo fue?

Isabela dudó un momento antes de responder.

—Él es... complicado. Es un hombre que vive en un mundo muy diferente al nuestro. Ni siquiera sé su nombre, pero la forma en que nos miramos... era como si algo hubiera sucedido, algo que no puedo explicar.

Mariana se rió, tocando reconfortantemente el hombro de su amiga.

— Ah, Isa, siempre has sido romántica. Pero ten cuidado, ¿vale? Los hombres de este tipo suelen traer más problemas que soluciones.

— Lo sé — respondió Isabela suspirando. —Pero algo me dice que este encuentro no fue casual.

Mientras los dos conversaban, la mañana en la tienda parecía transcurrir como cualquier otro día, hasta que, cerca del mediodía, la puerta se abrió con un ligero tintineo de campana que anunciaba la llegada de nuevos clientes. Isabela, que estaba ajustando algunas piezas en la parte trasera de la tienda, levantó la vista y su corazón se detuvo por un breve momento. Fue él. Gabriel estaba allí, de pie en la entrada, sus ojos inmediatamente fijos en los de ella, como si supiera exactamente dónde encontrarla.

Mariana, al notar la reacción de su amiga, frunció el ceño,

curiosa por la repentina tensión en el aire.

— Es él, ¿no? — susurró Mariana, dando una leve sonrisa, como si entendiera más de lo que Isabela quisiera admitir.

Isabela trató de ocultar su nerviosismo cuando Gabriel se acercó, su andar confiado y su mirada fija en ella. Parecía ajeno a todo lo que le rodeaba, como si la tienda y las demás personas no existieran.

— Hola — dijo Gabriel, con voz firme, pero con un tono suave que sorprendió a Isabela. — Yo... sentí que necesitaba encontrarte.

Isabela, todavía impactada por su presencia allí, tardó unos segundos en responder.

— ¿Cómo... me encontraste? — preguntó, sin poder ocultar la sorpresa en su voz.

Gabriel sonrió levemente, inclinando la cabeza de una manera casi intrigante.

— Digamos que cuando algo te conmueve tan profundamente, no puedes simplemente ignorarlo. Sé que parezco fuera de lugar aquí, pero no he podido sacarte de mi mente desde ayer.

La confesión directa de Gabriel tomó a Isabela con la guardia baja. Estaba acostumbrada a hombres que jugaban con las palabras, que ocultaban sus intenciones detrás de máscaras, pero Gabriel... Estaba siendo honesto, casi vulnerable.

Mariana, al notar la tensión en el aire, se alejó discretamente, dejándolos solos. Isabela sabía que este encuentro no era una coincidencia, sino parte de algo más grande que estaba fuera de su control.

"No sé qué decir", admitió, sintiéndose dividida entre la atracción y el miedo.

— Quizás no necesito decir nada ahora — respondió Gabriel con calma, observándola con intensidad. —Pero quería que supieras que quiero entender lo que eso significa. Este encuentro... no fue casualidad.

Isabela sintió una mezcla de emociones. Una parte de ella quería alejarse, protegiéndose de lo desconocido, pero otra parte, la más profunda y oculta, anhelaba descubrir lo que el destino les deparaba a ambos. Había algo irresistible en Gabriel, no sólo por su apariencia o su riqueza, sino por la intensidad con la que la miraba. Era como si sus ojos hablaran lo que las palabras no podían expresar.

— Yo... no estoy acostumbrada a este tipo de cosas — dijo, luchando contra sus propios sentimientos. — Vives en un mundo muy diferente al mío. Yo solo...

— No digas eso — la interrumpió Gabriel suavemente. — No importa de dónde vengas, Isabela. Veo algo en ti que no puedo ignorar. Y por más diferentes que sean nuestros mundos, eso no cambia cómo me siento.

Esa declaración tomó a Isabela por sorpresa. Sabía que la vida no era un cuento de hadas, pero en ese momento todo parecía diferente. Su encuentro parecía orquestado por fuerzas más allá de su comprensión. Aun así, no podía ceder tan fácilmente.

— No sé a dónde nos llevará esto, Gabriel — dijo mirándolo con sinceridad. —Pero algo me dice que las cosas no serán fáciles.

Gabriel asintió, como si entendiera la gravedad de sus palabras.

— No espero que sea fácil — respondió acercándose un

poco más. "Pero estoy dispuesto a averiguarlo, si tú lo estás.

Los ojos de Isabela se encontraron con los suyos una vez más y, en ese momento, supo que estaba ante una elección que cambiaría el curso de su vida. Podía alejarse y seguir el camino seguro que conocía, o podía permitirse sentir algo nuevo, algo intenso, incluso si eso significaba enfrentar todos los desafíos que conllevaba.

— Creo que podemos empezar poco a poco — dijo finalmente, sintiendo que su corazón latía más rápido.

Gabriel sonrió, una sonrisa que parecía abrir puertas a infinitas posibilidades.

"La lentitud está bien para mí", respondió.

Mientras los dos se miraban, sin necesidad de más palabras, Isabela supo que había dado el primer paso de un viaje que la llevaría por caminos desconocidos. Los ojos de Gabriel hablaban más de lo que él jamás podría decir, y en esa mirada, ella encontró la promesa de algo mucho más grande que cualquier cosa que jamás hubiera experimentado.

En el segundo capítulo vemos el reencuentro entre Gabriel e Isabela, y el creciente impacto que tiene la conexión entre ambos en sus vidas. El misterio, la tensión emocional y la atracción que los une continúan guiando la narrativa, estableciendo un vínculo que va más allá de las diferencias sociales y personales, mientras ambos comienzan a explorar el significado de este sentimiento inesperado.

CAPÍTULO 3: "SOMBRAS DEL PASADO"

El reloj marcaba las seis de la tarde cuando Isabela salió de la tienda. El encuentro anterior con Gabriel había dejado una profunda huella en su mente, pero al mismo tiempo trajo consigo una avalancha de dudas e inseguridades. Su corazón estaba en un torbellino de emociones y sabía que, por mucho que quisiera dejarse llevar por la atracción, había algo mucho más grande en juego. Sus mundos estaban separados por una línea delgada e invisible: la línea que separaba la riqueza y la pobreza, el poder y el anonimato.

Mientras caminaba a casa, las calles del barrio familiar la rodeaban de una acogedora tranquilidad. Los niños corrían por las aceras, las pequeñas tiendas empezaban a cerrar sus puertas y el sonido de conversaciones y risas llenaba el aire. Era un escenario de sencillez que siempre había traído consuelo a Isabela, pero hoy, ese mundo parecía demasiado pequeño en comparación con las nuevas posibilidades que se estaban abriendo.

Su celular vibró en su bolsillo y, cuando revisó la pantalla, vio un mensaje de Gabriel:

"Me gustaría verte de nuevo. ¿Cena mañana por la noche?

La propuesta fue directa e Isabela no reaccionó por unos momentos. Una parte de ella quería aceptar, quería sumergirse en ese mundo lujoso y fascinante que representaba Gabriel. Pero la otra parte –la parte que siempre había conocido el valor del trabajo duro y la honestidad– dudaba.

Ella decidió no responder de inmediato. Necesitaba tiempo para reflexionar, para comprender lo que realmente sentía. Al llegar a casa, Isabela entró a su pequeño departamento y, luego de un relajante baño, se sentó a la mesa con una taza de té caliente, tratando de ordenar sus pensamientos. Pero por mucho que intentara sacar a Gabriel de su mente, sus ojos seguían volviendo a su memoria. Esos ojos que hablaban, que la observaban con una intensidad que nunca había experimentado.

Mientras tanto, al otro lado de la ciudad, Gabriel se preparaba para otra noche de trabajo. Su vida, siempre tan centrada en compromisos y negociaciones, parecía haber adquirido un nuevo propósito. Isabela había entrado en su mente inesperadamente y, por primera vez en mucho tiempo, se encontró pensando en algo más allá de sus negocios y ambiciones. Él había sido claro con ella: sus mundos eran diferentes, pero él estaba dispuesto a cruzar esa barrera, a descubrir qué podía surgir de esa conexión.

Sin embargo, Gabriel sabía que sus intenciones no eran las únicas fuerzas en juego. El pasado, con sus sombras y secretos, todavía atormentaba su vida. Había un lado de Gabriel que Isabela desconocía por completo y él temía que, al descubrirlo, ella pudiera retroceder.

Sentado en su lujosa oficina, Gabriel contemplaba el paisaje urbano nocturno a través de la ventana panorámica. Su mente vagaba por los recuerdos de una época en la que aún no tenía todo lo que tenía hoy. Antes de convertirse en el influyente hombre de negocios que dominaba las salas de juntas, había conocido la dureza de la vida. La pobreza había sido una sombra constante en su infancia, y Gabriel se había jurado a sí mismo que nunca volvería a experimentar ese sentimiento de impotencia.

Pero, a diferencia de Isabela, él no tenía un vínculo afectivo con sus raíces. Gabriel se había alejado de su familia, de su pasado, y había construido una vida en la que el lujo era su armadura. Nadie más conocía el pobre joven que había sido y él prefería que siguiera así.

Sonó el teléfono de su escritorio y, cuando contestó, recordó que el día siguiente estaría lleno de compromisos. Pero, mientras el asistente le detallaba su agenda, Gabriel se encontró pensando en Isabela nuevamente. Ella se había convertido en una distracción inesperada y él sabía que necesitaría encontrar una manera de equilibrar su vida empresarial con este nuevo sentimiento.

Al día siguiente, mientras Isabela intentaba seguir su rutina en la tienda, Mariana notó su inquietud.

— Todavía estás pensando en él, ¿no? — preguntó Mariana, con una sonrisa de complicidad en su rostro.

Isabela asintió, suspirando.

— No puedo dejar de pensar en ello, Mari. Me invitó a cenar, pero todavía no sé qué hacer. Tengo miedo de involucrarme en algo que no puedo controlar.

Mariana miró a su amiga con seriedad, pero también con cariño.

— Entiendo tu miedo. ¿Pero no crees que mereces un poco de emoción? Siempre has trabajado muy duro, siempre has sido muy responsable. Quizás esta sea tu oportunidad de experimentar algo diferente.

Isabela reflexionó por un momento. Mariana tenía razón. Ella siempre había seguido las reglas, siempre había sido sensata. Pero algo dentro de ella, algo que parecía haber sido despertado por la mirada de Gabriel, la animó a salir de su zona de confort, a correr riesgos.

Más tarde ese día, mientras Isabela caminaba por la ciudad, reflexionó sobre su vida. Su pasado también tenía sombras, pero a diferencia de Gabriel, ella había mantenido una fuerte conexión con sus orígenes. Su madre, que la había criado sola, era una figura central en su vida. Desde temprana edad, Isabela aprendió el valor del trabajo y la honestidad, y estas lecciones moldearon la mujer en la que se convirtió.

Al llegar a casa, Isabela cogió el teléfono y, antes de volver a dudar, le envió una respuesta a Gabriel.

"Aceptado. ¿Mañana a las 8 p. m.?

Su corazón se aceleró cuando vio que el mensaje había sido enviado y supo que no había vuelta atrás. Esa noche, sus pensamientos estaban divididos entre la expectativa del encuentro y los temores que aún la atormentaban. Gabriel era un misterio para ella, y algo dentro de Isabela decía que ese misterio podría llevarla a descubrir verdades que cambiarían su vida para siempre.

Al día siguiente, Gabriel no pudo evitar sonreír al recibir la respuesta de Isabela. Había algo en ella que lo atraía irresistiblemente y estaba decidido a descubrir qué era. Hizo todos los preparativos para la cena, eligiendo un restaurante privado y elegante donde pudieran conversar sin interrupciones.

Esa noche, Isabela lució un elegante vestido negro, sencillo, pero que resaltaba su belleza natural. Mientras se miraba en el espejo, notó una mezcla de ansiedad y emoción. Era como si estuviera a punto de embarcarse en una aventura incierta, sin saber qué esperar.

Cuando llegó al restaurante, Gabriel ya la estaba esperando. Se levantó cuando la vio entrar y sus miradas se volvieron a encontrar. Una vez más, su mirada era intensa, llena de significados tácitos. Él la saludó con una suave sonrisa y, por primera vez, Isabela se sintió cómoda a su lado, como si el miedo y la distancia entre sus mundos disminuyeran.

Durante la cena, al principio hablaron de cosas triviales: sus gustos, aficiones y pequeños detalles de la vida cotidiana. Pero a medida que avanzaba la noche, el tono de la conversación empezó a cambiar. Gabriel, siempre tan reservado, empezó a compartir pequeñas partes de su vida, fragmentos que habitualmente mantenía ocultos.

— No vengo de una familia rica, ¿sabes? — dijo, de repente, tomando a Isabela por sorpresa. — Todo lo que tengo hoy, lo construí con mucho esfuerzo. Pero esto también tiene su precio.

Isabela escuchó atentamente, sintiendo que Gabriel estaba a punto de compartir algo importante. Sabía que él guardaba secretos y ahora, por primera vez, parecía dispuesto a contárselos.

— A veces, lo que construimos con tanto esfuerzo nos puede alejar de lo que realmente importa — prosiguió Gabriel, con la mirada distante. — Me alejé de muchas cosas, incluso de personas que eran importantes para mí. Y ahora... siento que estoy tratando de encontrar algo que perdí.

Isabela permaneció en silencio, absorbiendo cada palabra. Sabía que Gabriel era un hombre complejo, con muchas facetas que aún debían revelarse. Y en ese momento, se dio cuenta de que estaba dispuesta a descubrir a cada uno de ellos, incluso si eso significaba ahondar en las sombras de su pasado.

La noche avanzó y, cuando la cena llegó a su fin, parecía haberse establecido una conexión más profunda entre los dos. Habían compartido más que simples miradas; habían compartido partes de sí mismos. Y en ese momento, ambos supieron que lo que tenían ante ellos no era sólo una atracción pasajera, sino algo mucho más intenso y duradero.

Cuando salieron del restaurante, Gabriel tomó la mano de Isabela con delicadeza pero firmeza. Sus ojos, como siempre, hablaban más que sus palabras. E Isabela, cuando lo miró, supo que estaba dispuesta a seguir adelante, aunque eso significara enfrentar lo inesperado y lo desconocido.

Mientras caminaban juntos por la noche de la ciudad, los dos sintieron que estaban apenas al comienzo de un viaje que los llevaría a lugares que nunca podrían imaginar.

En este capítulo, Gabriel comienza a revelar sus propias vulnerabilidades, mientras la relación entre él e Isabela se profundiza. El encuentro en el restaurante marca el inicio de una nueva etapa en su relación, donde las barreras entre sus mundos comienzan a disolverse, y ambos comienzan a afrontar el pasado y el presente con más sinceridad.

CAPÍTULO 4: "MIRADAS REVELADORAS"

La noche había sido inmersiva y llena de significados ocultos. Para Isabela, cada gesto y palabra de Gabriel había sido cuidadosamente analizado en su mente durante las siguientes horas. Caminó sola a casa, pero su alma llevaba el peso de una nueva conexión, algo mucho más profundo de lo que podría haber imaginado. Las luces de la ciudad brillaban en las ventanillas del taxi, reflejando sus propias incertidumbres y deseos. Sin embargo, lo que más resonaba en sus pensamientos eran los ojos de Gabriel, esos ojos que, por muy silenciosos que estuvieran, hablaban tanto.

A la mañana siguiente, Isabela se despertó con una mezcla de ansiedad y curiosidad. Algo en ella había cambiado, como si la presencia de Gabriel hubiera encendido una llama que no sabía que existía. Mientras preparaba su café trató de mantener los pies en la tierra, pero lo cierto es que se sentía flotando entre dos mundos: el de Gabriel, rodeado de lujos y misterios, y el suyo, lleno de sencillez y desafíos cotidianos.

Aún preguntándose qué significaba realmente esa cena, Isabela levantó su teléfono para ver si Gabriel había enviado algún mensaje. Una parte de ella temía lo que podría encontrar, pero al mismo tiempo anhelaba el contacto. Cuando desbloqueó la pantalla, apareció la notificación que hizo que su corazón se acelerara:

"Buenos días, Isabela. Espero que hayas llegado sana y salva anoche. Fue genial pasar ese tiempo contigo. ¿Qué tal si nos volvemos a encontrar esta semana?"

Las palabras de Gabriel parecían tan ligeras y simples, pero tenían una profundidad que Isabela no podía ignorar. Leyó y releyó el mensaje varias veces, buscando alguna pista, alguna señal de que él estaba tan afectado como ella. Respiró hondo y decidió que no respondería de inmediato. Necesitaba tiempo para reflexionar.

Al salir a trabajar, la mañana estaba despejada y el movimiento de las calles parecía reflejar la vida siguiendo su curso normal, pero para Isabela ya nada era realmente igual que antes. Llegó a la tienda y trató de sumergirse en sus actividades diarias, pero la figura de Gabriel seguía flotando sobre sus pensamientos, sus palabras y, sobre todo, el misterio que él representaba.

Durante el almuerzo compartió sus inquietudes con Mariana, su amiga y confidente de toda la vida.

— Entonces, ¿cómo estuvo la cena? — preguntó Mariana, con ojos curiosos y una sonrisa pícara.

Isabela suspiró y se llevó la mano a la barbilla, pensativa.

— Fue... interesante, por decir lo menos. Es diferente de lo que imaginaba, Mari. Por supuesto, tiene ese lado encantador y sofisticado, pero creo que hay algo más. Algo que está ocultando.

Mariana se ríe.

— Todo el mundo tiene secretos, Isa. Y con hombres como Gabriel, probablemente sean grandes. Pero la pregunta es: ¿estás dispuesto a descubrir qué hay detrás de este misterio?

La pregunta de Mariana resonó en la mente de Isabela por un rato. Sí, sentía una inmensa curiosidad por Gabriel, pero al mismo tiempo sabía que involucrarse con alguien como él significaría entrar en un mundo completamente diferente al de ella. La idea de descubrir sus secretos era tentadora, pero ¿qué pasa con los riesgos? ¿Cómo afectaría esto a tu propia vida?

Las horas se alargaban en el trabajo y al final del día Isabela tomó una decisión. Aceptaría la invitación de Gabriel para un nuevo encuentro, pero esta vez con un objetivo claro: entender quién era realmente.

Esa noche, en casa, finalmente cogió su teléfono y escribió una respuesta:

"Me encantaría volver a verte. Podemos vernos esta semana, sí. Avísame el día".

Gabriel respondió casi de inmediato:

"¿El jueves por la noche, entonces? Tengo un lugar en mente que creo que te gustará".

La reunión estaba programada. Ahora a Isabela sólo le quedaba esperar.

---

jueves por la noche

El restaurante elegido por Gabriel esta vez fue aún más impresionante que el primero. Ubicado en una de las zonas más exclusivas de la ciudad, el lugar destilaba sofisticación en cada detalle. Sin embargo, Isabela no se dejó intimidar. Entró al lujoso ambiente con pasos firmes, decidida a mantener el control de sus sentimientos y aprovechar la oportunidad para conocer más sobre el misterioso hombre que se había cruzado en su camino.

Cuando llegó, encontró a Gabriel sentado en una mesa

discreta, lejos de las miradas curiosas de los demás clientes. Estaba impecablemente vestido, como siempre, pero había algo diferente en su expresión esa noche. Algo más vulnerable, tal vez.

— Isabela — dijo levantándose para saludarla con un beso en la mejilla. - Me alegro de que hayas venido.

Ella sonrió, tratando de ocultar el nerviosismo que sentía. Se sentaron y pronto empezaron a hablar, pero esta vez Isabela fue más directa. Quería saber más sobre Gabriel, sobre lo que lo convertía en quien era.

— Gabriel, ¿puedo hacerte una pregunta? — comenzó, eligiendo cuidadosamente sus palabras.

— Por supuesto — respondió curioso. - Lo que quieras.

— ¿Por qué decidiste invitarme a salir? — La pregunta parecía sencilla, pero estaba cargada de significado para ella.

Gabriel guardó silencio por un momento, como si reflexionara sobre cuál sería la mejor manera de responder. Sus ojos, una vez más, hablaron antes que sus palabras.

— Porque me intrigas, Isabela. Desde el momento en que te vi, sentí que había algo especial en ti. Algo que quería saber más en profundidad.

Isabela sonrió, pero su curiosidad no había sido satisfecha. Consideró que todavía quedaba mucho más por decir.

—Pero siento que estás escondiendo algo. Alguna parte de ti que aún no estás dispuesto a mostrar. ¿Me equivoco?

Gabriel dejó escapar un profundo suspiro, con los ojos fijos en los de ella.

— No, no te equivocas — admitió finalmente. — Hay cosas de mí que no comparto con mucha gente. Cosas de mi pasado, de cómo llegué a donde estoy. Pero... tal vez sea hora de empezar a contar.

El silencio que siguió fue pesado, lleno de expectación. Isabela sintió que estaba a punto de descubrir algo crucial sobre Gabriel, algo que cambiaría su forma de verlo.

—No nací con cuchara de plata—comenzó Gabriel, con voz baja y seria. — De hecho, mi vida era todo lo contrario. Crecí en una familia humilde, en un barrio por el que probablemente evitarías pasar. Mi padre nos abandonó cuando yo era muy pequeña y mi madre hizo lo que pudo para mantenernos, pero las cosas nunca fueron fáciles. Aprendí desde pequeña que si quería algo tenía que luchar por ello. Y eso es exactamente lo que hice.

Isabela escuchó atentamente, tratando de imaginar a Gabriel en un escenario completamente diferente al que ella conocía.

— Empecé a trabajar desde muy temprano, haciendo lo que fuera necesario para ayudar a mi madre y a mi hermano menor. Pero con el tiempo, me di cuenta de que si continuaba por ese camino, nunca escaparía de la pobreza. Entonces tomé decisiones difíciles, elecciones que no siempre fueron las más éticas. Pero eran decisiones que sentí que debía tomar para sobrevivir.

Gabriel hizo una pausa, sus ojos perdidos en algún punto distante del pasado.

—No fue fácil, Isabela. Y, a menudo, todavía llevo conmigo el peso de esas decisiones. Pero eso es lo que me trajo aquí. Hoy tengo todo lo que puedo desear, pero... a veces me pregunto a qué precio.

Isabela guardó silencio por un momento, procesando lo que acababa de escuchar. Ahora entendía un poco más sobre Gabriel, pero al mismo tiempo surgían nuevas preguntas. Había elegido un camino difícil, marcado por decisiones moralmente cuestionables. ¿Pero quién era él ahora? ¿Y cómo afectaría eso a lo que estaban construyendo?

— No te juzgo, Gabriel — dijo finalmente. — Todos tenemos nuestras historias, nuestros fantasmas. Y yo también tengo el mío.

Gabriel la miró sorprendido, como esperando una reacción diferente.

—Pero necesito saber…—continuó Isabela con voz firme. — ¿Quién eres ahora? ¿Sigues viviendo a la sombra de estas decisiones o estás intentando ser una persona diferente?

Esa pregunta flotaba en el aire como un desafío. Gabriel sabía que ese era el tema central, no sólo para Isabela, sino para él mismo. Y mientras contemplaba cómo responder, ambos sabían que cualquier cosa que dijera a continuación definiría su futuro.

En este capítulo, los secretos del pasado de Gabriel comienzan a revelarse, mientras Isabela enfrenta los dilemas de aceptar el hombre que es, con sus defectos y complejidades. La conexión entre ambos se profundiza, pero también se vuelve más frágil, a medida que comienzan a surgir preguntas sobre la moralidad, las opciones y el futuro.

CAPÍTULO 5:
"SECRETOS DEBAJO
DE LA SUPERFICIE"

La revelación de Gabriel pesó en el aire como un trueno distante, el tipo de secreto que no se rompe fácilmente. Isabela sintió que su corazón latía más rápido, como si cada una de sus palabras hiciera eco de una nueva realidad que apenas podía entender. Gabriel, ese hombre que ella pensaba que era la personificación del éxito y el lujo, era mucho más complejo. Sus confesiones fueron profundas y revelaron una capa oscura que contradecía el brillo de su vida actual.

Esa noche, después de cenar, Isabela regresó a casa con una mezcla de emociones. Sus pensamientos estaban en constante conflicto: la vulnerabilidad de Gabriel realmente la conmovía, pero también había una parte de ella que se resistía. ¿Qué tan difícil sería entablar una relación con alguien que tenía un pasado tan intrincado, con decisiones cuestionables y un camino construido sobre cimientos de incertidumbre?

Llegó al pequeño apartamento que compartía con su amiga Mariana, todavía absorta en sus pensamientos. Mientras se quitaba los zapatos, escuchó la voz emocionada de Mariana proveniente de la sala.

— Entonces, ¿cómo estuvo la reunión de hoy? — preguntó Mariana levantando la vista del libro que estaba leyendo en el sofá.

Isabela vaciló antes de responder. ¿Cómo podría explicar la complejidad de la noche? Después de todo, no era una cena más. Hubo revelaciones profundas que la sacudieron de maneras para las que no estaba preparada.

— Fue… diferente — respondió Isabela sentándose en el sofá junto a su amiga. — Me contó cosas de su pasado. Cosas que no esperaba.

Mariana arqueó las cejas con curiosidad.

— ¿Cosas así?

Isabela suspiró profundamente, intentando encontrar las palabras adecuadas.

— Me dijo que no venía de una familia rica, como pensaba. De hecho, creció en la pobreza y tomó decisiones difíciles para llegar a donde está hoy. Habló sobre el peso de esas decisiones y cómo todavía lo lleva consigo.

Mariana guardó silencio por unos instantes, procesando la información.

— ¿Y cómo te sientes al respecto? — preguntó finalmente.

Esa era la pregunta crucial, y la que Isabela había estado tratando de responder desde que salió del restaurante. ¿Cómo se sintió ella? ¿Qué significó esto para los dos?

—No lo sé—admitió Isabela. — Una parte de mí siente empatía por él. Quiero entender mejor, saber quién es realmente. Pero otra parte de mí tiene miedo. ¿Qué pasa si las decisiones que tomó en el pasado todavía lo atormentan? ¿Qué pasa si él no es la persona que creo que es?

Mariana asintió, entendiendo el dilema de su amiga.

— Cada uno tiene su pasado, Isa. Lo importante es quién es ahora y cómo lo afronta. Si está dispuesto a ser abierto contigo sobre estas cosas, podría ser una buena señal. Pero tienes que decidir si estás dispuesto a seguir adelante, sabiendo que el camino puede resultar complicado.

Isabela sabía que Mariana tenía razón. Gabriel había abierto una puerta a su pasado, pero aún no sabía si estaba lista para entrar en ese mundo de secretos y sombras.

En los días siguientes, Isabela intentó mantener su rutina y concentrarse en su trabajo. Pero la figura de Gabriel permaneció en su mente como una presencia constante. Le enviaba mensajes, siempre reflexivos y afectuosos, como si quisiera asegurarse de que ella supiera que él estaba allí, esperando una respuesta emocional de su parte.

Una tarde, mientras organizaba unas cajas en la tienda, Isabela escuchó el sonido del timbre de la puerta y giró para ver quién había entrado. Su corazón dio un vuelco cuando vio a Gabriel parado allí, con una discreta sonrisa en los labios.

— No sabía que hacías entregas en la tienda — bromeó, tratando de ocultar su sorpresa.

— Hago entregas especiales — respondió él, caminando hacia ella con las manos en los bolsillos. - ¿Cómo estás?

— Bueno… simplemente trabajando, como siempre — respondió Isabela, sintiéndose un poco nerviosa por la visita inesperada.

Gabriel miró a su alrededor, observando el ambiente sencillo de la tienda, y luego volvió su mirada hacia Isabela. Había algo en sus ojos que la inquietaba: una mezcla de ternura y preocupación.

—Pensé en pasarme a ver cómo estabas—dijo, después de un breve silencio. — Sé que la conversación de la otra noche fue... intensa. Pero quería que supieras que estoy aquí para cualquier cosa que necesites.

Isabela sonrió, aunque su corazón aún estaba dividido.

—Te lo agradezco, Gabriel. En verdad. Pero la cuestión es que todavía estoy procesando todo. No es fácil para mí... entenderlo todo a la vez.

Gabriel asintió, como si entendiera perfectamente su vacilación.

— No espero que entiendas todo de inmediato — dijo, con voz baja y tranquila. — Sólo quiero que sepas que lo que siento por ti es real. Y que estoy dispuesto a afrontar lo que sea necesario para estar juntos.

La sinceridad en sus ojos la desarmó. Isabela sintió que su corazón se encogía como no lo había sentido en mucho tiempo. Quería creerle, quería confiar en que lo que estaban construyendo era verdad. Pero aún quedaba esa sombra de duda, esa pregunta incesante: ¿realmente Gabriel estaba siendo completamente honesto con ella?

— Sólo necesito tiempo, Gabriel — respondió finalmente. — Es hora de entender cómo me siento y cómo vamos a afrontar todo esto.

Él sonrió suavemente y dio un paso hacia ella, tomándole suavemente la mano.

— Te doy todo el tiempo del mundo, Isabela. No quiero presionarte, sólo quiero que sepas que estoy aquí.

Ese gesto, tan sencillo y a la vez tan significativo, hizo que Isabela sintiera un suave calor invadir su pecho. Quizás, después de todo, estaba lista para dar un paso adelante.

Esa noche, mientras Isabela se preparaba para ir a dormir, no podía sacarse de la cabeza lo que había sucedido. La visita de Gabriel, la forma en que había sido tan atento y paciente, todo eso le hizo pensar que tal vez había algo más en él que sólo secretos y sombras. Tal vez, él realmente estaba tratando de construir algo sólido con ella.

Pero había una pregunta que aún persistía en su mente: ¿hasta qué profundidad llegaban realmente los secretos de Gabriel? ¿Hasta dónde estaba dispuesto a llegar para proteger su pasado y qué más ocultaba?

A la mañana siguiente, mientras tomaba café, Isabela decidió que necesitaba respuestas. No podía seguir adelante con Gabriel sin saber toda la verdad. Sabía que él estaba siendo honesto hasta cierto punto, pero también sabía que había más por revelar. Si quería comprometerse con él, necesitaría comprender completamente al hombre que tenía delante, con todas sus virtudes y defectos.

Decidido, Isabela cogió el teléfono y le envió un mensaje a Gabriel:

"¿Podemos vernos esta noche? Necesito hablar contigo".

La respuesta no tardó en llegar:

"Por supuesto. Donde quieras."

Eligió una cafetería discreta en el centro de la ciudad, un lugar donde podían hablar sin distracciones. Cuando Gabriel llegó, parecía preocupado, como si intuyera que algo importante se avecinaba. Se sentaron en una mesa en un rincón y, después de pedir bebidas, Isabela fue directa.

— Gabriel, aprecio lo honesto que has sido conmigo. Pero siento que todavía hay cosas que no me has contado. Si vamos a seguir adelante, necesito saber toda la verdad. No puedo comprometerme sin entenderlo todo.

Gabriel guardó silencio por un momento, con los ojos fijos en los de ella. Sabía que ese era el momento decisivo, el punto en el que tendría que decidir si confiaría completamente en Isabela o si seguiría guardando sus secretos.

"Tienes razón", dijo finalmente. — Todavía hay cosas que no te he dicho. Y si realmente estamos intentando construir algo, mereces saberlo todo.

El corazón de Isabela se aceleró. Estaba a punto de descubrir qué había detrás de la fachada de Gabriel... y eso podría cambiarlo todo.

En este capítulo, la tensión entre Isabela y Gabriel continúa creciendo, mientras los secretos poco a poco comienzan a emerger. Isabela se encuentra dividida entre la atracción y la desconfianza, mientras Gabriel está cada vez más cerca de revelar las verdades ocultas de su pasado. La intensidad de su relación alcanza nuevas alturas a medida que ambos enfrentan los desafíos de sus mundos contrastantes.

CAPÍTULO 6: "REVELACIONES EN LAS SOMBRAS"

El discreto café donde se reunieron Isabela y Gabriel destilaba un aire de tranquilidad, con su iluminación tenue y música clásica de fondo. Sin embargo, el silencio entre ellos se sentía intensamente cargado. Isabela esperó ansiosa la respuesta de Gabriel, consciente de que las siguientes palabras podrían definir su futuro.

Gabriel sostuvo la taza de café con manos firmes, pero sus ojos delataron la tormenta que había dentro. Sabía que era el momento de enfrentarse a sus fantasmas, de quitarle las capas que habían protegido su corazón durante tantos años. Miró a Isabela y vio el reflejo de la sinceridad que ella esperaba. Sabía que si quería tener alguna oportunidad con ella, tendría que ser absolutamente honesto.

— Isabela — comenzó con voz ronca, casi un susurro — cuando te conté de mi pasado, de la pobreza y de las decisiones difíciles que tuve que tomar para llegar a donde estoy... no te conté todo. De hecho, hay partes de mi vida que he evitado mencionar porque no estoy orgulloso de ellas. Y tal vez... tal vez no me veas de la misma manera después de escuchar esto.

Isabela sintió una opresión en el pecho, pero mantuvo la calma. No era tiempo de juicios; ella estaba allí para escuchar.

—Continúa, Gabriel —dijo con voz firme, pero con una suavidad que lo animó a continuar.

Gabriel dejó la taza de café a un lado, entrelazando los dedos como si buscara algún tipo de apoyo físico. Sabía que la línea entre la vulnerabilidad y el rechazo era delgada.

— Cuando te dije que crecí en la pobreza, fue solo una parte de la historia. La verdad es... estuve involucrado en cosas de las que no estoy orgulloso. Negocios que me ayudaron a salir adelante en la vida, pero que perjudicaron a las personas en el camino. — Hizo una pausa, mirando hacia otro lado, como si las palabras fueran difíciles de verbalizar. — En ese momento creí que era la única manera de escapar del destino que me esperaba. Hice alianzas con gente peligrosa, acepté tratos sucios y la fortuna que hoy tengo no se construyó sólo con trabajo honesto.

Isabela sintió caer sobre ella como una piedra el peso de la revelación. Había imaginado que Gabriel tenía secretos, pero no de este tipo. Las imágenes de lujo y éxito que mostraba parecían aún más lejanas ahora a la luz de lo que acababa de confesar.

— ¿Estás diciendo que... — Isabela vaciló, tratando de encontrar las palabras adecuadas — ¿tu fortuna se construyó con negocios ilegales?

Gabriel asintió lentamente, con la mirada baja.

—Al principio sí. Pero las cosas cambiaron con el tiempo. Después de lograr la estabilidad, me distancié de esta gente, cortando lazos con el mundo criminal. Intenté redimirme, construir algo legítimo. Hoy en día, mis tratos son honestos y hago lo mejor que puedo para corregir los errores del pasado, pero... ciertas cosas nunca podrán borrarse por completo.

El silencio que siguió resultó sofocante. Isabela lo miró, absorbiendo las palabras, procesando cada fragmento de información. Ese hombre frente a ella, al que había empezado a amar, tenía una historia mucho más oscura de lo que imaginaba. Gabriel no era sólo el hombre elegante y carismático que la fascinaba; estaba abrumado por decisiones difíciles y moralmente cuestionables.

— ¿Por qué me cuentas esto ahora? preguntó, con la voz quebrada por la confusión. — ¿Por qué no dijiste nada antes?

Gabriel suspiró, pasándose una mano por el cabello, visiblemente frustrado consigo mismo.

— Porque tengo miedo de perderte, Isabela. Me temo que una vez que sepas quién soy realmente, no podrás perdonarme. Pero me di cuenta de que si queremos construir algo verdadero, es necesario conocer todas mis partes, incluidas las peores.

Isabela sintió una oleada de emociones. Quería gritar, quería alejarse, pero al mismo tiempo algo la detenía. Había una vulnerabilidad en Gabriel que nunca antes había visto. Estaba tratando de ser honesto, tratando de ofrecerle la verdad que ella pedía, incluso si eso lo destruía.

— No sé qué decir, Gabriel — admitió, tras unos segundos de reflexión. — No voy a mentir, tengo miedo. No es fácil escuchar algo así, especialmente cuando estaba empezando a creer que eras... bueno, alguien completamente distinto.

Gabriel asintió con la mirada fija en ella, como si estuviera esperando la sentencia final.

"Entiendo", dijo en voz baja. — Sé que es mucho que procesar. Sólo quiero que sepas que estoy tratando de ser una mejor persona, que todo lo que hice fue para sobrevivir... pero que los fantasmas de mi pasado aún me persiguen. Y ahora que conoces esta parte de mí, te toca a ti decidir si quieres quedarte a mi lado o no.

Isabela permaneció en silencio, absorbiendo la gravedad de la situación. Una parte de ella quería huir. Huye de ese hombre cuyas confesiones la sacudieron profundamente. Pero otra parte, quizás la más verdadera, sabía que Gabriel se estaba abriendo como nunca antes. Estaba mostrando sus heridas, sus defectos, y eso requirió un inmenso coraje.

— Necesito tiempo — dijo Isabela, finalmente. — No puedo tomar una decisión ahora. Todo esto es...mucho. Necesito pensar, entender cómo me siento.

Gabriel la miró con expresión de tristeza y aceptación. Sabía que pedir tiempo era lo máximo que podía esperar.

- Por supuesto. No te presionaré. Tómate todo el tiempo que necesites. Sólo quiero que sepas que pase lo que pase, lo que siento por ti es real.

Isabela asintió, pero sus palabras resonaron en el fondo de su mente. Lo que sentía era real, pero también lo eran las sombras de su pasado. Y sabía que si decidía seguir adelante, tendría que lidiar con todo esto.

Los días que siguieron fueron un torbellino de emociones para Isabela. En el trabajo, luchaba por mantener la concentración, pero la revelación de Gabriel no abandonaba su cabeza. Las noches eran aún peores. Sola en su habitación, con sólo sus pensamientos como compañía, revivió cada palabra, cada confesión. Las imágenes de Gabriel (el hombre apasionado y afectuoso, pero también el hombre marcado por un pasado oscuro) estaban en conflicto en su mente.

Mariana notó el cambio en el comportamiento de su amiga y, un sábado por la tarde, decidió confrontarla.

—Isa, ¿qué está pasando? Has estado actuando extraño durante días. Se trata de Gabriel, ¿no?

Isabela suspiró, sabiendo que no podía ocultarlo más.

— Sí, se trata de él. — Miró a Mariana, con expresión cansada. — Me contó algo sobre su pasado. Algo serio. Y ahora no sé qué hacer.

Mariana frunció el ceño.

—¿Qué te dijo?

Isabela dudó por un momento, pero sabía que necesitaba desahogarse. Le contó todo a Mariana: la historia de la pobreza, los negocios ilegales, las oscuras decisiones que Gabriel había tomado para alcanzar el éxito.

Cuando terminó, Mariana parecía en shock.

- Guau. Eso es... pesado. ¿Pero qué vas a hacer? — preguntó, genuinamente preocupada.

- No sé. Una parte de mí quiere huir. Pero otra parte... siente que está siendo sincero, que está intentando cambiar. Y es difícil ignorar eso.

Mariana se acercó tomando las manos de Isabela.

— Amigo, sólo tú puedes decidir qué es lo correcto para ti. Pero recuerda: nadie es perfecto. Todo el mundo tiene un pasado, errores que cometimos. Lo importante es lo que hacemos con ellos. Si realmente está intentando ser mejor, tal vez valga la pena darle una oportunidad. Pero hay que estar preparado para afrontarlo.

Las palabras de Mariana resonaron en la mente de Isabela mientras pasaba los siguientes días reflexionando. Sabía que en algún momento tendría que tomar una decisión. Gabriel había sido honesto, pero ahora dependía de ella decidir si quería vivir con los secretos que él guardaba.

La historia de amor que se estaba construyendo entre ellos era compleja, llena de altibajos, lujos y sombras, verdades y medias verdades. Y, en lo más profundo de su alma, Isabela sabía que, sin importar lo que decidiera, su vida nunca volvería a ser la misma.

CAPÍTULO 7: "LA VERDAD DETRÁS DE LOS OJOS"

El silencio en el apartamento de Isabela sólo era roto por el sonido lejano del tráfico de la ciudad. Estaba sentada en el sillón junto a la ventana, mirando al horizonte. Durante días, se había sentido consumida por las revelaciones de Gabriel, como si el mundo que conocía hubiera sido sacudido y todas sus certezas se hubieran derrumbado. El tiempo parecía pasar lentamente, pero al mismo tiempo, los días pasaban sin que ella pudiera encontrar una salida al torbellino de sentimientos que la rodeaba.

Sus palabras todavía resonaban en su mente, con un peso que nunca había imaginado. "Negocios que perjudican a la gente", había dicho. No fue simplemente una confesión. Fue la revelación de una vida marcada por decisiones moralmente dudosas, una vida que ahora parecía distante del hombre al que estaba empezando a amar. Y, sin embargo, había algo en los ojos de Gabriel (ese dolor profundo, el remordimiento genuino) que la hizo cuestionarlo todo. ¿Podría ella perdonarlo? ¿Podría ignorar el pasado que tanto luchó por enterrar?

Su teléfono celular vibró en la mesa junto a él, interrumpiendo sus pensamientos. Era un mensaje de Gabriel. No fueron palabras, solo una foto. Isabela vaciló antes de abrirla, con el corazón acelerado. Al deslizar el dedo por la pantalla, la imagen que aparecía era la de una playa desierta, el atardecer reflejándose en el agua tranquila, irradiando una sensación de paz y serenidad. Debajo de la foto, un simple título: *"Te estoy esperando."*

Ella sabía lo que eso significaba. Gabriel estaba pidiendo una oportunidad. Una oportunidad para demostrarle que, a pesar de sus errores, él podía ser el hombre que ella quería, que estaba dispuesto a luchar por ese amor. Pero, al mismo tiempo, Isabela se preguntaba si estaba lista para aceptar esta pelea, si podría vivir con los fantasmas que lo acompañaban.

Mientras contemplaba el mensaje, recordó las palabras de Mariana. Tu mejor amiga tenía razón cuando dijo que nadie es perfecto, que todo el mundo tiene algún tipo de pasado. Pero la cuestión no era la perfección, sino la confianza. ¿Podía confiar en Gabriel, sabiendo lo que había hecho?

Sin pensarlo mucho, Isabela tomó su bolso y salió del departamento. Sabía exactamente adónde iba, aunque todavía no estaba segura de qué diría cuando lo viera. Mientras conducía por las calles de la ciudad, su corazón se aceleraba con cada kilómetro que la acercaba a la playa. Quizás era su destino afrontar esta situación de frente, sin más dilaciones, sin más indecisiones.

Cuando llegó a la playa, el sol ya se estaba poniendo, tiñendo el cielo de color naranja y rosa. Gabriel estaba allí, de pie, mirando al mar. No la vio llegar de inmediato, pero cuando notó su presencia, se giró lentamente y sus ojos se encontraron con los de ella con una mezcla de ansiedad y esperanza.

— Viniste — dijo en voz baja, como si no quisiera asustarla.

—Ya vine—respondió Isabela, tratando de mantener la calma. — Pero eso no significa que ya haya tomado una decisión.

Gabriel asintió, pareciendo entender. Dio unos pasos hacia ella, pero mantuvo una distancia respetuosa, consciente de que el terreno entre ellos aún era inestable.

— Sé que pedí mucho cuando te conté de mi pasado — comenzó, sus ojos reflejaban la luz dorada del atardecer. — Y sé que necesitas tiempo para procesar todo esto. Sólo quería que supieras que no espero que tomes una decisión ahora. Estoy aquí para darte el espacio que necesitas, pero también para demostrar que estoy dispuesto a luchar por nosotros.

Isabela lo miró por un largo momento, tratando de leer las emociones en su rostro. Parecía vulnerable, más de lo que ella lo había visto nunca antes. Y de alguna manera, esa vulnerabilidad la conmovió.

— ¿Tienes idea de lo difícil que es esto para mí? — preguntó con la voz ligeramente temblorosa. — Cuando te conocí vi a un hombre confiado, seguro de sí mismo, alguien que lo tenía todo bajo control. Pero ahora... veo a una persona que carga con profundas cicatrices, marcas de un pasado que nunca imaginé. Y eso me asusta, Gabriel. Me asusta pensar que, detrás de toda esta fachada, hay un lado tuyo que podría ser peligroso.

Él asintió, con los ojos fijos en los de ella.

- Entiendo. Y no te culpo por tener miedo. También tenía miedo de abrirme, de contarte todo. Pero me di cuenta de que si realmente quiero que esto funcione, no puedo seguir escondiéndome. Soy quien soy, con todos mis errores y arrepentimientos. Pero estoy tratando de ser mejor. Te lo juro, Isabela, que lo estoy intentando.

Cerró los ojos por un momento, dejando que sus palabras penetraran en su mente. Fue una lucha interna constante. Una parte de ella quería creer que la gente podía cambiar, que Gabriel merecía una segunda oportunidad. Pero otra parte, la más racional, le recordó los peligros de involucrarse con alguien cuyo pasado era tan oscuro.

—¿Qué pasó después de que dejaste este mundo? — preguntó, abriendo nuevamente los ojos. — ¿Cómo lograste escapar?

Gabriel suspiró, como si esa pregunta fuera un peso que llevaba cargando desde hacía mucho tiempo.

— No fue fácil. Cuando decidí que quería irme, sabía que no sería una transición sencilla. Había gente que dependía de mí, gente a la que yo debía favores. Pero poco a poco comencé a distanciarme, cerrando los negocios más peligrosos e invirtiendo en áreas más legítimas. Fue un proceso lento y tuve que tener mucho cuidado de no atraer enemigos. Pero finalmente lo hice. Hoy mis asuntos están limpios. Y, sin embargo, todavía cargo la culpa por lo que hice antes.

Isabela lo observó atentamente mientras hablaba. Había una cruda sinceridad en sus palabras, una admisión de culpa que la conmovió más de lo que quería admitir. En el fondo, sabía que Gabriel lo estaba intentando, que estaba realmente dispuesto a cambiar. Pero el miedo a involucrarse con un hombre que ya había tomado decisiones tan peligrosas le impidió dar ese paso decisivo.

— No sé si podré con esto, Gabriel — dijo finalmente en voz baja. — No sé si podré vivir con la incertidumbre de que tu pasado pueda perseguirnos en cualquier momento.

Se acercó un poco más, con los ojos fijos en los de ella, como si estuviera tratando de conectarse con su alma.

—Entiendo, Isabela. Y no te voy a pedir que ignores lo que te preocupa. Sólo quiero que sepas que si decides quedarte, haré todo lo posible para asegurarme de que nada de mi pasado interfiera con nuestro futuro. Pero si sientes que no puedes seguir adelante... lo respetaré.

Sus palabras fueron un golpe silencioso, golpeando el corazón de Isabela con una intensidad inesperada. La idea de perderlo, de renunciar a lo que podían construir juntos, la aterrorizaba tanto como el miedo a su pasado. Era como estar atrapado entre dos opciones igualmente dolorosas, sin saber qué camino tomar.

— Necesito más tiempo — dijo tratando de mantener la calma, aunque el torbellino de emociones estaba a punto de desbordarse. — No puedo tomar esa decisión ahora.

Gabriel asintió, respetuoso como siempre.

- Por supuesto. No te presionaré. Tómate todo el tiempo que necesites.

Estuvieron en silencio por unos momentos, sólo el sonido de las olas rompiendo suavemente en la playa llenando el espacio entre ellos. Isabela miró hacia el horizonte, donde el sol finalmente desapareció en el mar, dejando tras de sí un rastro de luz dorada. Era un símbolo perfecto de lo que sentía: el final de algo, pero también la promesa de un nuevo comienzo.

— Lo pensaré — dijo finalmente alejándose un poco.

Gabriel asintió una vez más, pero esta vez, algo en su expresión parecía diferente. Hubo una aceptación tranquila, como si supiera que, independientemente de la decisión de Isabela, había hecho lo que podía. Y ahora sólo quedaba esperar.

Isabela se alejó lentamente, sus pasos sobre la arena resonaban como los suaves latidos de un corazón incierto. Sabía que esta decisión la acompañaría durante mucho tiempo y que, sin importar lo que eligiera, su vida nunca volvería a ser la misma.

CAPÍTULO 8: "LOS ECOS DEL PASADO"

El suave viento acariciaba el rostro de Isabela mientras caminaba por la playa, la arena fresca bajo sus pies descalzos ofrecía un reconfortante contraste con la tormenta de emociones que luchaba por controlar. Las palabras de Gabriel resonaron en su mente, mezclándose con sus propios pensamientos y dudas. "Necesito más tiempo". Ella había dicho esto, pero sabía que el tiempo no sería suficiente para borrar el peso del pasado de Gabriel, ni los sentimientos encontrados que ahora dominaban su corazón.

Isabela siempre ha estado orgullosa de ser una mujer decidida. Tomó sus decisiones con convicción, guiada por la razón y la lógica. Pero ahora, ante la mirada penetrante de Gabriel y las revelaciones sobre su vida, esa certeza estaba en ruinas. ¿Sería capaz de construir algo real con él, sabiendo que él ya había vivido en un mundo tan lejano al de ella, un mundo lleno de secretos, peligros y elecciones moralmente cuestionables? ¿O sería mejor seguir adelante y protegerse de un futuro incierto pero dolorosamente vacío sin él?

Se detuvo, mirando al horizonte donde el sol ya había desaparecido, dejando una paleta de tonos oscuros en el cielo. El crepúsculo, con sus matices de misterio y silencio, parecía reflejar exactamente cómo se sentía ella en ese momento: entre la luz y la oscuridad, entre el deseo de seguir su corazón y el miedo a las consecuencias.

A lo lejos, la figura de Gabriel seguía allí, inmóvil, mirándola con una intensidad que casi la hizo estremecer. Él no se movió, sólo esperó, respetando el espacio que ella le había solicitado. Incluso desde la distancia, Isabela podía sentir la conexión que los unía, esa atracción inexplicable que trascendía las palabras desde la primera mirada que intercambiaron. "Ojos que hablan", pensó. Eso era lo que la intrigaba y asustaba. ¿Cómo podía alguien que tenía tanto misterio en su pasado transmitir tanta sinceridad en sus ojos?

Respiró hondo, tratando de encontrar una claridad que parecía desvanecerse con cada paso que daba. Se volvió hacia Gabriel y caminó lentamente hacia él, todavía sin estar seguro de lo que iba a decir. Él permaneció donde estaba, con los ojos fijos en los de ella, sin hacer ningún movimiento brusco. Cuando finalmente se detuvo frente a él, a sólo unos pasos de distancia, fue Gabriel quien rompió el silencio.

— Sé que estás tratando de lidiar con todo esto, Isabela — dijo, con voz baja y controlada, como si eligiera cada palabra con cuidado. — No espero que me perdones por lo que hice o lo que fui. Sólo quería que supieras que, a tu lado, todo parece diferente. Mejor. Soy diferente cuando estoy contigo.

Sintió que su corazón se aceleraba ante esas palabras, pero el peso de sus preocupaciones aún la detenía.

— Quiero creerte, Gabriel — murmuró, casi como si se estuviera confesando a sí misma. —Pero no sé si puedo. Lo que me dijiste... es mucho. Nunca imaginé que podría enamorarme de alguien que tuviera este tipo de historias.

Gabriel dio un paso adelante, acortando la distancia entre

ellos, pero sin intentar tocarla. Sus ojos la miraron con una mezcla de dolor y esperanza.

— Sé que no puedo cambiar mi pasado. Si pudiera, lo haría todo diferente. Pero lo que puedo hacer es asegurarme de que mi futuro sea limpio y transparente. Y quiero que seas parte de este futuro, Isabela. Quiero construir algo contigo, lejos de todo lo que alguna vez fue.

Ella lo miró durante un largo momento, evaluando cada palabra que salía de su boca, cada expresión que cruzaba su rostro. Por muy sinceras que fueran sus palabras, había una parte de Isabela que no podía dejar de lado el miedo de que su pasado pudiera interferir con su futuro.

— ¿Qué me garantiza que estás completamente fuera de este mundo? — preguntó, tratando de mantener la voz firme, aunque por dentro estaba llena de dudas. — Entiendo que estés intentando cambiar, pero ¿y si eso vuelve en tu contra? ¿Qué pasa si todavía hay personas de tu pasado?

Gabriel respiró hondo antes de responder, sus ojos se oscurecieron ligeramente ante la seriedad de la pregunta.

— No puedo prometerte que no habrá consecuencias. Este es el riesgo que tomo todos los días. Pero estoy dispuesto a afrontarlo. Y, si es necesario, afrontarlo solo. Ya corté lazos con las personas y empresas que me arrastraban hacia abajo. Ahora los únicos fantasmas que quedan son los de mi conciencia. Y estos... estoy lidiando con ellos uno a la vez.

Había una cruda honestidad en las palabras de Gabriel que conmovieron profundamente a Isabela. Era como si le abriera su alma, sin escudos, sin máscaras. No le estaba pidiendo que ignorara sus miedos o fingiera que todo estaba resuelto, sino que caminaran junto a él, enfrentando desafíos juntos.

Bajó los ojos, incapaz de sostener por más tiempo la

mirada penetrante de Gabriel. El mar rugía de fondo, sus olas rompiendo con fuerza, como si la naturaleza también estuviera en conflicto, reflejando su estado emocional.

— Necesito tiempo — repitió Isabela, su voz ahora más firme, como si reafirmara su posición. — No puedo simplemente borrar mis preocupaciones. Pero... no quiero perderte, Gabriel.

Él suspiró aliviado y dio otro paso adelante, ahora tan cerca que ella podía sentir el calor de su cuerpo mezclado con el frescor del viento del mar.

— Te daré todo el tiempo que necesites, Isabela. Y estaré aquí, esperando, siempre.

Las palabras de Gabriel fueron un consuelo momentáneo, pero Isabela sabía que el viaje que tenía por delante aún estaría lleno de incertidumbre. Ella lo miró, esta vez permitiéndose hundirse en la profundidad de su mirada. Los "ojos parlantes" seguían ahí, transmitiendo un mensaje silencioso de amor, paciencia y comprensión.

Por un momento, el mundo pareció detenerse. Ya no se oía el ruido de los coches lejanos ni el sonido de las olas. Solo ellos dos, de pie en esa playa desierta, como si el universo hubiera creado un pequeño espacio de tiempo solo para ellos.

Finalmente, Isabela dio un paso adelante, y cuando sus cuerpos se tocaron, sintió una ola de calor extenderse por todo su ser. Gabriel la rodeó con sus brazos, abrazándola protectoramente pero sin apretarla demasiado, como si supiera que todavía necesitaba espacio. Él no dijo nada más y ella tampoco. Allí, envuelta por la calidez de su abrazo y el suave sonido de las olas, Isabela se dio cuenta de que las palabras ya no eran necesarias.

No tenía todas las respuestas y sabía que aún quedaban muchas preguntas por resolver. Pero por ahora ese momento fue suficiente. En ese abrazo, encontró una paz temporal, un descanso del caos de sus emociones. No fue la solución final, pero fue un paso. Un paso hacia la verdad, la confianza y, quizás, el amor.

Isabela cerró los ojos apoyando su cabeza en el pecho de Gabriel. Sintió el ritmo de su respiración, constante y constante, como si él estuviera allí para recordarle que no importaba adónde lo hubiera llevado el pasado, el presente era suyo. Y tal vez, sólo tal vez, el futuro también pueda serlo.

El viento continuó soplando suavemente a su alrededor, mientras la oscuridad finalmente se apoderaba del cielo. Y allí, en la quietud de la noche que se acercaba, Isabela sintió, por primera vez en días, que tal vez estaba lista para enfrentar los demonios de Gabriel. No porque fuera fácil, sino porque el amor, el amor verdadero, siempre fue una lucha.

CAPÍTULO 9:
"SOMBRAS DEL LUJO"

El resplandor de la mañana aún no había comenzado a iluminar las calles de París, pero en el lujoso ático de Gabriel, la ciudad ya estaba despierta. La vista panorámica desde el departamento revelaba la ciudad aún dormida, sus luces titilando como pequeñas estrellas en un vasto mar de concreto y asfalto. Isabela estaba sentada a la mesa del desayuno, un lugar que ahora se le había vuelto familiar a pesar de su reciente llegada al mundo de Gabriel.

Observó la ciudad a través de los grandes ventanales, con la mirada perdida en las calles que se encontraban debajo de ella. Las preocupaciones que había traído de la playa todavía rondaban por su mente. La promesa de tiempo y comprensión de Gabriel fue un consuelo, pero no una solución. ¿Y qué hacer cuando el tiempo parecía tan escaso y el presente estaba tan entrelazado con las sombras del pasado?

Gabriel entró en la habitación, todavía oliendo a su perfume de noche mezclado con el aroma del café recién hecho. Llevaba un elegante traje oscuro que parecía hecho a medida, realzando su imponente presencia. Había un aire de determinación en sus movimientos, como si estuviera listo para enfrentar cualquier desafío que le deparara el día.

— Buenos días, Isabela — dijo, su tono suave y cuidadoso, como si intentara suavizar la tensión que aún flotaba entre ellos. — Espero que hayas dormido bien.

Isabela le dio una sonrisa cansada, levantándose para saludarlo. El desayuno se sirvió rápidamente, pero la comida parecía secundaria a la próxima conversación.

—Buenos días, Gabriel. Dormí, pero no sin pensar en todo lo que hablamos. Es difícil no preocuparse cuando hay tanta incertidumbre.

Él se sentó a la mesa, con los ojos fijos en ella con expresión de comprensión.

- Entiendo. Y es por eso que quiero ser honesto contigo. Hay algo que necesitas saber, algo que podría explicar algunas de mis acciones pasadas y quizás ayudar a aclarar lo que está por venir.

La tensión en el aire aumentó e Isabela sintió que su corazón se aceleraba. Sabía que Gabriel no era alguien que ofreciera información sin un motivo serio. El hecho de que estuviera dispuesto a compartir más detalles de su pasado sugirió que las revelaciones podrían cambiar el curso de la historia entre ellos.

- ¿Qué es? preguntó, su voz temblaba ligeramente. —¿Qué más tienes que decirme?

Gabriel respiró hondo antes de comenzar. Sus ojos estaban enfocados y el tono de su voz transmitía una seriedad que Isabela nunca antes había escuchado.

— Hay muchas cosas que aún no sabes sobre mi familia y el negocio que dirigen. Mi padre siempre ha sido un hombre de negocios muy influyente, involucrado en inversiones y emprendimientos que a menudo cruzaban la línea entre lo legal y lo ilegal. Cuando era más joven, era sólo un peón en un juego mucho más grande. Seguí los pasos de mi padre, creyendo que sólo estaba haciendo mi trabajo, pero de lo que no me di cuenta en ese momento fue de la profundidad de las consecuencias de nuestras acciones.

Hizo una pausa, como si reflexionara sobre cuál sería la mejor manera de continuar. Sus ojos se encontraron con los de ella, llenos de una sinceridad casi dolorosa.

— Lo que debes saber es que, hace unos años, descubrí que el imperio que construimos estaba involucrado en algo mucho más siniestro que simples negocios turbios. Había corrupción, lavado de dinero e incluso vínculos con actividades delictivas. Me encontré en una situación en la que las líneas entre el bien y el mal se volvieron borrosas y cuando me di cuenta de la magnitud del problema, ya era demasiado tarde.

Isabela lo miró con una mezcla de sorpresa y preocupación. Cada palabra de Gabriel parecía añadir más peso a lo que ya temía. Su historia se estaba desarrollando ante ella como un complicado thriller, y la sensación de estar perdido en medio de un laberinto moral era abrumadora.

—Entonces ¿qué hiciste? preguntó, tratando de mantener la voz tranquila. — ¿Cómo lograste salir de eso?

Gabriel sonrió con tristeza, una expresión que mezclaba arrepentimiento y orgullo.

—Tomé una decisión. Decidí cortar los lazos con todo lo tóxico, con todas las conexiones que me ataban al oscuro pasado. Vendí parte de mi negocio, cerré operaciones y, lo más importante, rompí todos los vínculos con personas que podían traerme de regreso a ese mundo. Hice esto para limpiar mi conciencia y crear un futuro diferente, pero eso no significa que el pasado desapareció sin dejar rastro.

Isabela guardó silencio, procesando las palabras y la gravedad de la situación. Había un profundo dolor y lucha en la historia de Gabriel que era palpable, pero también había una sensación de fuerza y determinación. Sabía que él estaba tratando de ser honesto, pero las implicaciones de eso eran complejas.

— ¿Y qué significa esto para nosotros? — preguntó, finalmente, rompiendo el silencio que se había instalado. — Si todavía estás lidiando con el pasado, ¿cómo puedes garantizar que no afectará nuestro futuro?

Gabriel se inclinó hacia adelante, sus ojos fijos en los de ella con una intensidad que hizo que el corazón de Isabela se acelerara.

— No puedo garantizar que el pasado no tenga consecuencias. Pero puedo asegurarles que estoy haciendo todo lo que está a mi alcance para proteger el futuro que queremos construir. Estoy luchando contra mis propios demonios y estoy dispuesto a afrontar cualquier desafío que pueda surgir para proteger lo que tenemos. Sé que esto no es suficiente para borrar lo que se hizo, pero es lo mejor que puedo ofrecer.

Isabela lo miró, sus emociones conflictivas aún luchaban por encontrar un equilibrio. La honestidad de Gabriel era innegable, pero el dolor y la complejidad de la situación eran enormes. Necesitaba más tiempo para digerir todo lo que había aprendido y sabía que llevaría tiempo reconstruir la confianza.

"Necesito algo de tiempo para pensar", dijo finalmente, con voz tranquila pero llena de emoción. — Necesito procesar todo esto y decidir qué es lo mejor para mí y para nosotros.

Gabriel asintió, una mirada de comprensión cruzó por su rostro.

- Entiendo. Y te daré todo el tiempo que necesites. No hay prisa. Sólo quiero que sepas que estoy aquí, dispuesta a afrontar cualquier cosa, siempre y cuando estés a mi lado.

Se levantó de la mesa, con el desayuno olvidado. Había algo reconfortante en la forma en que Gabriel estaba dispuesto a darle espacio, incluso si la situación era dolorosa y complicada. Sabía que el camino que tenía por delante no sería fácil, pero había un sentimiento de esperanza que no podía ignorar.

"Voy a dar un paseo", dijo, tratando de liberarse del peso de la conversación. — Necesito aclarar mi mente.

Gabriel también se levantó, pero antes de que ella pudiera irse, la detuvo con un gesto gentil.

—Si necesitas algo, aquí estaré. Y, Isabela, debes saber que, a pesar de todo, tú eres lo más importante para mí.

Isabela le dedicó una sonrisa triste y sincera antes de dirigirse hacia la puerta. Cada paso que daba hacia el mundo exterior se sentía más pesado que el anterior, pero al mismo tiempo, cada paso también la acercaba a una mayor comprensión de sí misma y de Gabriel.

Mientras caminaba por las calles de París, el mundo parecía más vivo que nunca. La ciudad comenzaba a despertar, y con ella, la sensación de estar al borde de un nuevo descubrimiento. El pasado de Gabriel era un laberinto de sombras y misterios, pero al menos ahora entendía que, a pesar de las dificultades, había un deseo genuino de cambio y una lucha real por encontrar la redención.

El viento fresco de la mañana acarició su rostro, trayendo una sensación de claridad. París estaba lleno de posibilidades e Isabela sabía que su propio viaje apenas comenzaba. Cada calle que recorrió, cada esquina que dobló, fue un paso hacia una nueva comprensión, un nuevo comienzo. Todavía estaba lejos de tener todas las respuestas, pero había una sensación cada vez mayor de que, a pesar de las sombras, había una luz brillante esperando ser descubierta.

CAPÍTULO 10:
"ENTRE EL ORO Y LA OSCURIDAD"

El sol se ponía lentamente sobre París, arrojando un resplandor dorado sobre la ciudad y sumergiéndola en un crepúsculo que parecía mágico y enigmático. Isabela todavía estaba en camino, deambulando por las calles de la ciudad, tratando de aclarar su mente y lidiar con la dolorosa revelación que Gabriel le había compartido. Las calles, iluminadas por la suave luz de la tarde, parecían prometer una sensación de normalidad, pero a Isabela la ciudad nunca le había parecido tan alejada de su esencia.

El aroma de baguettes y crepes recién hechos llenó el aire, mezclándose con el vibrante sonido de la ciudad en movimiento. Sin embargo, la mente de Isabela estaba lejos de preocuparse por las pequeñas maravillas de la vida cotidiana parisina. Sus pensamientos se entrelazaron con la historia de Gabriel, el peso de su pasado y la incertidumbre del futuro. La visión de Gabriel, su sinceridad y la profundidad de sus sentimientos eran innegables, pero el miedo y la confusión aún flotaban sobre ella como nubes oscuras.

Finalmente, Isabela decidió sentarse en un pequeño y

encantador café que encontró en una de las tranquilas calles laterales. El lugar, con sus mesas al aire libre y su ambiente acogedor, le ofrecía un refugio temporal de la agitación interior que estaba experimentando. Pidió un café y un croissant, no por necesidad, sino más bien por un deseo de normalidad y una pequeña pausa para reflexionar.

Mientras esperaba su bebida, Isabela observó a la gente a su alrededor. Las parejas caminaban de la mano, las familias reían y charlaban y los turistas tomaban fotografías de las maravillas arquitectónicas de la ciudad. Había una simplicidad en la vida que parecía fuera de su alcance en ese momento, una normalidad que parecía un lujo lejano.

Se sirvió el café e Isabela tomó un sorbo, sintiendo el reconfortante calor de la bebida en sus manos. El croissant estaba delicioso, pero la comida parecía insípida dada la complejidad de las emociones con las que estaba lidiando. Cada bocado parecía un recordatorio más de que, a pesar de todo, la vida seguía con su incesante rutina y sus pequeñas alegrías.

Su mente todavía estaba centrada en Gabriel y en el pasado que intentaba enterrar. La forma en que hablaba de su familia, su negocio y las decisiones que tomaba era el reflejo de un hombre que luchaba por conciliar lo que era con lo que podía ser. La sensación de estar en una encrucijada se intensificó. ¿Qué hacer con esta nueva información? ¿Cómo lidiar con el temor de que el pasado de Gabriel aún pueda arrojar sombras sobre su futuro?

Mientras estaba sumida en sus pensamientos, el sonido de la apertura del café la hizo mirar hacia arriba. Para su sorpresa, un hombre desconocido se acercaba a su mesa. Llevaba un elegante traje oscuro y tenía una mirada decidida que parecía fuera de lugar en un café tan sencillo.

—Isabela, ¿verdad? preguntó, su voz llena de una extraña formalidad. — Soy Julien Moreau y necesito hablar contigo.

El nombre no le resultaba familiar, pero el tono era lo suficientemente serio como para hacerla dudar. Con un gesto de invitación, lo invitó a sentarse, un poco de mala gana, pero con curiosidad.

"Puedes sentarte", dijo, tratando de mantener la calma. -¿Qué deseas?

Julien se sentó en la silla frente a él y sacó una pequeña libreta de su bolsillo. Su mirada era directa y directa.

"Vine en nombre de Gabriel", dijo. — Me pidió que le brindara más información sobre lo que reveló y posiblemente le ayudara a aclarar algunas de sus dudas.

Isabela frunció el ceño, la sorpresa visible en su rostro.

— Gabriel me habló de su pasado, pero aún quedan muchas preguntas sin respuesta. ¿Qué sabes que pueda ayudarme a comprender mejor la situación?

Julien vaciló un momento, como si evaluara sus palabras. Finalmente, comenzó a hablar, con voz baja y ronca.

— Gabriel tiene una manera de proteger a sus seres queridos y, a veces, eso significa ocultar más de lo que debería. Lo que no dijo es que su situación es aún más compleja. La corrupción y las actividades ilegales en las que estuvo involucrado lo afectaron no solo a él sino también a varias personas a su alrededor. Era una pieza de un juego mucho más grande y la decisión de cortar esos vínculos no fue ni fácil ni sencilla.

Isabela escuchaba atentamente, sus emociones oscilaban entre la aprensión y la comprensión. Julien continuó explicando que Gabriel había tomado medidas drásticas para desenredarse de su antigua vida, pero que las consecuencias de esas acciones aún se estaban manifestando.

— Gabriel intentó hacer lo correcto — dijo Julien. — Pero muchas personas todavía sienten el impacto de sus decisiones y él está constantemente lidiando con las repercusiones. Lo que debes saber es que hizo todo lo posible para proteger a sus seres queridos y continúa luchando contra el pasado que intenta alcanzarlo.

— ¿Y cuál es tu papel en todo esto? — preguntó Isabela, curiosa y un poco suspicaz. — ¿Por qué estás aquí ofreciendo esta información?

Julien esbozó una pequeña sonrisa, una expresión que mezclaba cansancio y comprensión.

— Soy de los pocos que conoce el alcance total de la situación de Gabriel. Además de ser su asesor, también soy alguien que puede ayudar a aclarar lo que se ha hecho y lo que aún queda por resolver. Mi papel es asegurar que la verdad sea revelada y que Gabriel tenga la oportunidad de reconstruir su vida sin las sombras del pasado.

Las palabras de Julien fueron una mezcla de revelación y alivio. Aunque la situación aún era complicada, saber que había alguien al lado de Gabriel, ayudando a resolver los asuntos no resueltos, era un consuelo.

— ¿Y qué debo hacer ahora? — preguntó Isabela, el sentimiento de estar perdida aún presente. — ¿Cómo puedo afrontar esto y decidir qué es lo mejor para mí y para Gabriel?

Julien la miró con expresión de empatía.

— Lo que necesitas es claridad. Es importante que sepas que Gabriel está haciendo lo mejor que puede para corregir los errores del pasado y proteger el futuro de todos los que ama. Si decides quedarte a su lado, será necesario que seas consciente de las posibles complicaciones y estés preparado para afrontarlas. La decisión es tuya y debe basarse en lo que crees que es correcto y en lo que te dice tu corazón.

Isabela agradeció a Julien su franqueza y se despidió. La conversación la dejó con más preguntas que respuestas, pero también con un sentimiento de esperanza de que, a pesar de las dificultades, había un camino a seguir. Decidió que necesitaba ir a casa y hablar con Gabriel sobre lo que había aprendido y cómo pensaba manejar la situación.

Al llegar al penthouse, Isabela encontró a Gabriel esperándola en la sala. Sus ojos se encontraron con los de ella y la expresión de su rostro mostró una mezcla de ansiedad y expectación. Se puso de pie cuando la vio y la mirada que intercambiaron estuvo llena de una comprensión tácita.

— ¿Cómo estuvo el paseo? preguntó Gabriel, tratando de leer la expresión de Isabela. — ¿Y la conversación con Julien?

Isabela respiró hondo antes de responder, con las emociones aún alborotadas.

—Julien me contó más sobre la situación, sobre el impacto de tu pasado y cómo estás tratando de afrontarlo. Entiendo que estás luchando con muchas cosas y que estás haciendo lo mejor que puedes para resolverlo todo.

Gabriel se acercó, sus ojos fijos en los de ella con desesperada intensidad.

— Sé que no es fácil y que estás lidiando con información compleja y dolorosa. Quiero que sepas que estoy aquí para afrontar cualquier desafío, siempre y cuando estés a mi lado. La decisión de seguir adelante es tuya y respetaré lo que decidas.

Isabela sintió la sinceridad de sus palabras, pero también el peso de las decisiones que estaban por venir. Sabía que su viaje no sería sencillo y que el futuro estaba lleno de incertidumbre. Sin embargo, había un deseo creciente dentro de ella de enfrentar estas incertidumbres junto a Gabriel, de construir algo verdadero y duradero, a pesar de las sombras del pasado.

"Necesito tiempo para procesar todo esto", dijo con voz firme y decidida. — Necesito entender qué es lo mejor para nosotros y cómo podemos avanzar.

Gabriel asintió, entendiendo la necesidad de tiempo y espacio. Tomó la mano de Isabela, sosteniéndola con cariño.

"Estoy aquí para lo que necesites", dijo. — Afrontemos esto juntos, paso a paso.

Isabela sonrió, una sonrisa que mezclaba esperanza y determinación. Sabía que el camino por delante sería difícil, pero también sabía que había algo especial entre ellos por lo que valía la pena luchar. Con Gabriel a su lado y la determinación de afrontar el pasado, estaba lista para afrontar el futuro y descubrir lo que les deparaba.

CAPÍTULO 11:
"BAJO LA LUZ DE LAS ESTRELLAS"

La noche en París fue un espectáculo de luces y sombras, donde el brillo de las estrellas parecía competir con el brillo de la ciudad. Isabela y Gabriel estaban tomando un descanso de su tumultuoso viaje, tratando de encontrar un poco de normalidad en medio del caos que rodeaba sus vidas. El cielo estrellado parecía ofrecer una especie de consuelo, una promesa de belleza y tranquilidad, incluso cuando las cosas estaban desordenadas.

Después de la conversación con Julien, Isabela y Gabriel decidieron que necesitaban tiempo para reflexionar y reconectarse. Decidieron hacer un pequeño viaje fuera de la ciudad, a un lugar donde pudieran estar solos y lejos de las presiones y distracciones de París. Eligieron una pintoresca cabaña en las colinas que rodean París, una escapada tranquila que ofrecía vistas impresionantes y la paz que tanto necesitaban.

La cabaña era un edificio rústico y encantador, con paredes de piedra y una chimenea que prometía calidez y comodidad en las noches frescas. Al llegar, Isabela y Gabriel fueron recibidos por la serenidad del ambiente, un sorprendente contraste con el ajetreo y el bullicio de la vida urbana. La tranquilidad del lugar pareció tener un efecto inmediato en ellos, ayudándolos a relajarse y desconectarse de las preocupaciones que llevaban.

Pasaron el primer día explorando los alrededores de la cabaña, disfrutando del aire fresco y la belleza natural del campo. Caminaron por senderos sinuosos y admiraron los exuberantes paisajes que se extendían ante ellos. Cada paso parecía aliviar algo de la tensión acumulada, y la compañía del otro parecía ser una fuente de fortaleza y consuelo.

Al caer la noche, Gabriel les preparó una cena especial, utilizando ingredientes frescos que habían comprado en un mercado local. La comida, sencilla pero deliciosa, se sirvió al aire libre, bajo un cielo estrellado que parecía formar parte de un entorno mágico. Sentados a la mesa, con las estrellas en el cielo y la suave brisa nocturna a su alrededor, hablaron de todo y de nada, tratando de redescubrir la alegría y la conexión que habían compartido antes de que comenzara todo el drama.

Durante la comida, Isabela y Gabriel hablaron de sus sueños, sus esperanzas y sus miedos. Fue un momento de apertura y vulnerabilidad, donde ambos pudieron expresar sus sentimientos más profundos sin temor a ser juzgados o repercusiones. Gabriel habló de su deseo de reconstruir su vida y alejarse del pasado, mientras Isabela compartió sus propias dudas e inseguridades sobre el futuro.

— A veces siento que estamos luchando contra fuerzas que son más grandes que nosotros — dijo Isabela mirando las estrellas. — Pero también siento que hay algo especial entre nosotros, algo por lo que vale la pena luchar.

Gabriel tomó la mano de Isabela, sosteniéndola con una ternura que transmitía su amor y compromiso.

"Yo también me siento así", respondió. — Y creo que, a pesar de todos los desafíos, podemos construir algo verdadero y duradero. Lo que más me motiva es saber que estás a mi lado, afrontando todo esto conmigo.

La conversación continuó hasta bien entrada la noche, y los dos hablaron sobre sus planes para el futuro y cómo podrían enfrentar los obstáculos juntos. El ambiente tranquilo y la belleza de la noche ayudaron a crear un espacio donde ambos podían sentirse libres para expresar sus emociones y planificar lo que vendría después.

Mientras hablaban, una leve sensación de esperanza comenzó a reemplazar la sensación de incertidumbre que se cernía sobre ellos. La noche estaba llena de promesas y posibilidades, y el paisaje que los rodeaba parecía reflejar el cambio de perspectiva que ambos empezaban a experimentar.

A la mañana siguiente, Isabela y Gabriel se levantaron temprano y decidieron comenzar el día con una caminata hasta un mirador cercano, que prometía una vista panorámica de la región. El cielo estaba despejado y el aire fresco, lo que hacía que el paseo fuera agradable y estimulante. A medida que se acercaban al mirador, la vista se desplegó ante ellos, ofreciendo un panorama de exuberantes campos verdes y colinas que se extendían hasta donde alcanzaba la vista.

El paisaje era impresionante y los dos se sentaron en silencio durante unos momentos, contemplando la belleza que los rodeaba. Era como si el mundo exterior se hubiera reducido a un espacio simple y pacífico, donde las preocupaciones y los problemas parecían distantes e insignificantes.

—Es increíble cómo la naturaleza puede recordarnos lo que realmente importa —comentó Isabela con la voz llena de admiración.

Asintió Gabriel, mirando el paisaje con una sensación de paz.

— Sí, a veces necesitamos un recordatorio de que hay belleza y serenidad en el mundo, incluso cuando todo parece desmoronarse a nuestro alrededor.

Pasaron tiempo en la glorieta, hablando sobre sus planes para el futuro y cómo podrían afrontar los desafíos que les esperaban. La sensación de estar en un lugar tan hermoso y tranquilo pareció ayudarlos a ver las cosas con mayor claridad y sentir una nueva perspectiva de la vida y el amor.

Sin embargo, el momento de tranquilidad se vio interrumpido cuando, al regresar al chalet, Isabela y Gabriel recibieron un mensaje inesperado. Era una notificación en el celular de Gabriel, un mensaje de un número desconocido que parecía traer malas noticias.

Gabriel leyó el mensaje y su rostro se puso serio. Intentó ocultar su preocupación, pero Isabela notó el cambio inmediato en su expresión.

- ¿Qué pasó? — preguntó con tono preocupado.

Gabriel le mostró a Isabela el mensaje, que contenía una amenaza vaga y preocupante, sugiriendo que el pasado de Gabriel aún no se había resuelto del todo y que había personas dispuestas a aprovechar la situación.

"Parece que alguien todavía está tratando de causar problemas", dijo Gabriel, con tono tenso. — Esto no es sólo una amenaza; es un recordatorio de que aún quedan cuestiones sin resolver.

Isabela sintió un escalofrío recorriendo su espalda cuando leyó el mensaje. La sensación de seguridad que habían sentido durante las últimas 24 horas parecía haberse hecho añicos, reemplazada por la preocupación y el miedo de que el pasado de Gabriel aún pudiera tener un impacto en ellos.

— ¿Qué vamos a hacer? preguntó, con la voz llena de preocupación.

Gabriel pensó por un momento antes de responder.

— Afrontemos esto con calma. No podemos permitir que esto nos desanime o nos aleje. Necesitamos seguir enfrentando los desafíos y encontrar una solución. Me pondré en contacto con Julien y veré qué podemos hacer para garantizar nuestra seguridad.

Isabela asintió, a pesar de la ansiedad que sentía. Sabían que el camino por delante sería difícil, pero también estaban decididos a afrontar los desafíos juntos. El mensaje fue un recordatorio de que todavía había peligros e incertidumbres, pero también fue un estímulo para seguir luchando y resolviendo los problemas que surgieron.

El resto del día se dedicó a discutir y planificar los próximos pasos. Gabriel e Isabela decidieron que debían ser cautelosos y estar preparados para cualquier eventualidad. Pasaron el tiempo revisando lo que habían aprendido hasta ahora y pensando en cómo podrían enfrentar las amenazas que estaban por llegar.

A medida que se acercaba la noche, la sensación de tranquilidad y seguridad que habían encontrado en la cabaña se tambaleó un poco, pero aún quedaba una sensación de determinación y esperanza. Estaban preparados para afrontar los desafíos que les esperaban y seguir luchando por lo que creían que era correcto.

Mientras se preparaban para la noche, Gabriel e Isabela encontraron consuelo el uno en el otro. La conexión que compartían era una fuente de fortaleza y coraje, y estaban decididos a enfrentar cualquier obstáculo que se les presentara. La belleza y tranquilidad de la cabaña, combinadas con la determinación y el amor que sentían el uno por el otro, fueron la base sobre la que construirían su futuro.

El capítulo 11 es una reflexión sobre el poder de la serenidad en medio del caos y la importancia de afrontar los desafíos con valentía y determinación. La conexión entre Isabela y Gabriel se pone a prueba por las amenazas que enfrentan, pero también se fortalece por la fuerza que encuentran el uno en el otro. Su viaje continúa, con la esperanza de que a pesar de las dificultades, el amor y la determinación los guíen hacia un futuro más brillante y prometedor.

CAPÍTULO 12: "ECOS DEL PASADO"

Las primeras luces del amanecer se filtraron a través de las cortinas del chalet, creando sutiles patrones de luces y sombras en la habitación de Isabela y Gabriel. El misterioso mensaje recibido la noche anterior aún persistía en sus mentes, perturbando la serenidad que habían encontrado en los últimos días. Gabriel estaba decidido a resolver la situación antes de que la amenaza se volviera más grave, mientras Isabela luchaba por mantener la calma y la esperanza.

Después del desayuno, que transcurrió en pensativo silencio, Gabriel e Isabela se sentaron a la mesa para revisar sus planes para el día. Gabriel había decidido que era hora de contactar a Julien, su antiguo amigo y aliado, para discutir la amenaza recibida y obtener orientación sobre cómo manejar la situación.

— Voy a llamar a Julien ahora — dijo Gabriel, sacando su móvil y dirigiéndose hacia el rincón más tranquilo del chalet. — Necesitamos toda la información que podamos y un plan para garantizar nuestra seguridad.

Isabela observó cómo Gabriel se alejaba, sintiendo una mezcla de preocupación y esperanza. Sabía que la ayuda de Julien sería crucial, pero también era consciente de que los desafíos que enfrentaban eran complejos y requerían un enfoque cuidadoso.

Gabriel hizo la llamada y el teléfono sonó durante varios minutos antes de que Julien respondiera.

—¿Gabriel? — La voz de Julien sonó al otro lado de la línea, un tono de sorpresa mezclado con preocupación. - ¿Qué pasó?

Gabriel explicó la situación, incluido el mensaje amenazante que había recibido y las preocupaciones que enfrentaban. Julien escuchó atentamente, haciendo preguntas aclaratorias y ofreciendo sugerencias sobre cómo proceder.

— Parece que estás tratando con alguien que todavía te guarda rencor — dijo Julien con voz profunda. — Si yo fuera tú, tendría mucho cuidado. No sabemos quién está detrás de esto, pero está claro que quieren causar problemas. Investigaré y veré qué puedo descubrir. Mientras tanto, manténgase a salvo y evite cualquier contacto innecesario.

Gabriel agradeció a Julien y colgó la llamada, sintiéndose un poco más aliviado. Contar con la ayuda de un amigo experimentado fue tranquilizador, pero también sabía que la situación requeriría precaución y vigilancia constante.

Al regresar a donde estaba Isabela, Gabriel compartió la información que había obtenido.

— Julien investigará y nos mantendrá informados. Por ahora debemos seguir con el plan de quedarnos aquí y esperar más información. No podemos permitir que esto nos paralice.

Isabela asintió, aunque la preocupación aún era evidente en sus ojos.

— Haremos lo mejor que podamos para mantener la seguridad y continuar con nuestros planes. ¿Qué vamos a hacer hoy?

Gabriel pensó por un momento antes de responder.

— Creo que deberíamos aprovechar el día para explorar los alrededores de la cabaña y tal vez visitar algunos lugares cercanos. Un poco de distracción puede ayudarnos a lidiar con el estrés. Y, por supuesto, debemos mantener los ojos y los oídos abiertos a cualquier cosa fuera de lo común.

Con un plan definido, Gabriel e Isabela salieron a caminar por la región. El día era brillante y soleado, y la belleza natural que los rodeaba parecía ayudar a aliviar algo de la tensión que llevaban. Exploraron pequeños pueblos y pueblos vecinos, aprovechando la oportunidad para relajarse y reconectarse.

Mientras caminaba por un pequeño y pintoresco pueblo, Isabela se topó con una tienda de antigüedades que le llamó la atención. La tienda estaba llena de objetos antiguos y curiosidades que despertaban imaginación y nostalgia.

— ¿Echamos un vistazo aquí? — sugirió Isabela señalando la tienda. — Podría ser interesante ver qué encontramos.

Gabriel estuvo de acuerdo y los dos entraron a la tienda. El interior estaba lleno de piezas antiguas, desde muebles antiguos hasta arte y joyería. Isabela comenzó a examinar los artículos con interés, mientras Gabriel se aventuraba entre estantes y vitrinas.

Fue entonces cuando Isabela encontró un viejo cofre de madera, decorado con intrincados grabados y detalles. El cofre estaba polvoriento, pero la belleza y complejidad del diseño llamaron su atención.

— Mira esto, Gabriel — dijo Isabela abriendo el baúl con cuidado. — Parece que hay algo dentro.

Gabriel se acercó y miró dentro del baúl, donde encontró una colección de cartas antiguas y fotografías en blanco y negro.

Las cartas estaban atadas con un lazo y las fotografías mostraban a personas de épocas pasadas, algunas de las cuales parecían tener una expresión de felicidad y otras de tristeza.

—Debe ser una colección de viejos recuerdos —comentó Gabriel, examinando las fotos y las cartas. - Interesante.

Isabela comenzó a hojear las cartas y una de ellas llamó su atención. Estaba escrita con una caligrafía elegante y parecía una carta de amor. Isabela leyó en voz baja y sus palabras revelaron sentimientos profundos y apasionados.

— Es increíble cómo estas cartas pueden captar la esencia de un amor pasado — dijo Isabela con tono reflexivo. — Es como si pudiéramos sentir un poco de lo que esta gente sintió hace tanto tiempo.

Gabriel estuvo de acuerdo, admirando la forma en que las cartas y fotografías transmitían emociones e historias de tiempos antiguos. El descubrimiento pareció brindar un momento de introspección y conexión con el pasado.

Mientras exploraban la tienda, Gabriel e Isabela también hablaron sobre sus propias historias y recuerdos. Visitar la tienda de antigüedades les brindó la oportunidad de reflexionar sobre lo que habían experimentado y cómo sus experiencias habían moldeado sus vidas.

Al final del día, Gabriel e Isabela regresaron al chalet sintiéndose un poco más ligeros y con una sensación de esperanza renovada. La exploración y el descubrimiento habían proporcionado un bienvenido respiro de las preocupaciones, y la velada llegó con una sensación de tranquilidad.

Sin embargo, la noche trajo un nuevo desafío. Mientras el cielo se oscurecía y las estrellas empezaban a brillar, Gabriel e Isabela escucharon un sonido extraño proveniente del exterior de la cabaña. Era un ruido bajo y continuo, como si alguien se moviera sigilosamente por la propiedad.

Gabriel inmediatamente se levantó y se acercó a la ventana para investigar. La oscuridad fuera de la cabaña hacía difícil ver con claridad, pero notó una sombra que se movía cerca de la cerca.

— Isabela, quédate aquí — dijo Gabriel, con voz firme. — Voy a comprobar qué está pasando.

Isabela dudó por un momento, pero la determinación en los ojos de Gabriel la hizo aceptar. Se sentó en la sala, tratando de mantener la calma mientras Gabriel salía a investigar.

Gabriel se movía con cautela, sus sentidos atentos a cualquier movimiento o sonido. La sombra que había visto parecía moverse hacia el camino principal, y Gabriel siguió el camino con atención.

Mientras investigaba, Gabriel notó que la sombra se alejaba rápidamente, como si intentara escapar. Corrió para alcanzar a la figura, pero la persona estaba demasiado adelante y desapareció en la oscuridad.

Cuando Gabriel regresó al chalet, encontró a Isabela ansiosa, esperando noticias.

- ¿Qué pasó? preguntó, su tono lleno de preocupación.

—Había alguien afuera— respondió Gabriel, tratando de calmar a Isabela. — La persona parecía moverse sigilosamente. No pude ver claramente quién era, pero estaré atento.

Isabela suspiró aliviada, aunque todavía estaba intranquila por lo sucedido. Decidieron cerrar todas las puertas y ventanas de la cabaña y prepararse para una noche de vigilancia.

La noche transcurrió sin más incidentes, pero la sensación

de inquietud persistía. Gabriel e Isabela eran conscientes de que la situación estaba lejos de resolverse y que tendrían que estar preparados para afrontar cualquier desafío que pudiera surgir.

Al día siguiente, la sensación de normalidad volvió al chalet, y Gabriel e Isabela continuaron con sus planes de explorar la zona. Sin embargo, la inquietud de la noche anterior todavía se cernía sobre ellos, recordándoles que estaban lejos de estar fuera de peligro.

El capítulo 12 es una exploración de las tensiones e inseguridades que afectan a Gabriel e Isabela mientras enfrentan la amenaza del pasado. El descubrimiento de cartas y fotografías antiguas ofrece un descanso para la reflexión y la conexión con el pasado, pero la noche trae un nuevo desafío que refuerza la necesidad de vigilancia y precaución. Su viaje continúa, con la determinación de afrontar los desafíos y encontrar una solución a los problemas que están por venir.

CAPÍTULO 13: "LUZ EN LA OSCURIDAD"

El sol acababa de salir y extendía su luz dorada sobre el paisaje de la cabaña. La mañana prometía un nuevo comienzo, y Gabriel e Isabela estaban decididos a aprovechar el día para encontrar algo de claridad en medio de las sombras que los envolvían. El incidente de la noche anterior todavía estaba fresco en sus mentes, pero ambos estaban decididos a no dejar que eso los detuviera.

Después del desayuno, Gabriel e Isabela discutieron la situación y decidieron que necesitaban más información. Julien seguía investigando, pero no podían esperar indefinidamente hasta encontrar una solución. Era hora de asumir un papel más activo para encontrar respuestas y protegerse.

— Deberíamos empezar por buscar alguna pista o información sobre el mensaje amenazante que recibimos — sugirió Gabriel. — Si alguien nos está observando, tal vez podamos encontrar alguna evidencia de ello.

Isabela asintió, su determinación era visible. Sabía que no podía permitir que el miedo la abrumara. Era hora de actuar y hacer todo lo posible para garantizar su seguridad y encontrar el camino hacia la verdad.

Pasamos la mañana explorando el área alrededor del

albergue con una nueva perspectiva. Gabriel e Isabela estaban en alerta máxima, observando cada detalle, desde huellas en el suelo hasta señales de actividad reciente. Caminaron por senderos, investigaron áreas alrededor de la propiedad y hablaron con algunos residentes locales, tratando de recopilar información que pudiera ayudar a aclarar la situación.

Durante su caminata, encontraron una pequeña librería en un pueblo cercano. El lugar estaba lleno de libros antiguos y documentos históricos, y la presencia de volúmenes antiguos sobre la historia local despertó la curiosidad de Gabriel e Isabela. Decidieron entrar y explorar, con la esperanza de encontrar algunas pistas relevantes.

La librería era un laberinto de estanterías, cada una repleta de una variedad de libros y manuscritos. Gabriel e Isabela se separaron para buscar en diferentes secciones. Gabriel se dirigió a la sección de historia local, mientras Isabela examinaba libros sobre la cultura y tradición de la región.

Mientras hojeaba un viejo libro sobre historia local, Gabriel encontró una referencia a una serie de sucesos misteriosos que habían ocurrido en la zona décadas atrás. Los relatos hablaban de disputas y secretos enterrados, y una de las historias parecía particularmente intrigante. Había una mención de una familia influyente que había desaparecido en circunstancias misteriosas y una serie de cartas antiguas relacionadas con el caso.

— Isabela, mira esto — llamó Gabriel, sosteniendo el libro con una página marcada. — Parece que aquí hay algo sobre una familia y algunos sucesos extraños que sucedieron hace muchos años. Puede ser relevante para nuestra situación.

Isabela se acercó y comenzó a leer el pasaje que Gabriel había encontrado. El relato mencionaba una serie de cartas intercambiadas entre miembros de la familia y otras personas importantes, muchas de las cuales hablaban de conflictos y cuestiones no resueltas.

— Eso es interesante — dijo Isabela mirando a Gabriel. — Quizás estos acontecimientos pasados puedan darnos alguna perspectiva de lo que enfrentamos ahora.

Decidieron hablar con el dueño de la librería para ver si sabía más sobre la historia mencionada en el libro. El hombre, un anciano de barba blanca y mirada astuta, escuchó atentamente mientras Gabriel e Isabela explicaban lo que buscaban.

— Oh, sí, sé un poco de esa historia — dijo el dueño, en voz baja y susurrante. — Hay muchas leyendas y rumores sobre esa familia. Algunos dicen que hubo una gran traición y que su legado está envuelto en muchos secretos. Si está buscando respuestas, tal vez debería investigar más a fondo. Había una antigua mansión en la ciudad donde se podía encontrar más información.

Con la nueva información, Gabriel e Isabela decidieron visitar la mansión mencionada por el dueño. La casa era un edificio antiguo e imponente, situado en una colina que dominaba la ciudad. El edificio estaba rodeado por un muro alto y parecía haber estado abandonado durante años.

— Parece que esta mansión tiene una historia muy misteriosa — comentó Gabriel, mirando la imponente estructura. — Veamos qué podemos descubrir aquí.

Con cuidado, se acercaron a la mansión y comenzaron a explorar los alrededores. La propiedad estaba cubierta de maleza y parecía haber estado abandonada durante mucho tiempo. Las ventanas estaban cubiertas de tierra y telarañas y la puerta principal estaba cerrada con llave. Sin embargo, lograron encontrar una entrada secundaria que estaba un poco entreabierta.

— Entremos — decidió Gabriel, empujando la puerta con cautela. — Debemos ser rápidos y cuidadosos.

Isabela asintió y los dos entraron a la mansión, encontrando un interior cubierto de polvo y desorden. La habitación estaba llena de muebles viejos, cuadros polvorientos y objetos olvidados por el tiempo. Se aventuraron por las habitaciones y pasillos, buscando cualquier cosa que pudiera ser relevante para su investigación.

Durante su exploración, encontraron una habitación que parecía ser una antigua oficina o biblioteca. Los estantes estaban llenos de libros y documentos polvorientos, y una gran mesa de madera estaba cubierta de papeles y manuscritos.

— Mira esto — dijo Isabela, señalando una caja de madera en la esquina de la habitación. — Podría haber algo importante ahí dentro.

Gabriel se acercó a la caja y la abrió con cuidado. En el interior encontró una colección de cartas y documentos antiguos relacionados con la familia mencionada en el libro. Las cartas estaban atadas con un lazo de seda y parecían muy antiguas.

"Eso es exactamente lo que estábamos buscando", dijo Gabriel, examinando las cartas. — Echemos un vistazo más de cerca.

Isabela comenzó a leer las cartas, que revelaron una serie de correspondencia entre familiares y otras personas importantes de la época. Las cartas hablaban de traiciones, disputas y una serie de hechos que parecían haber llevado a la desaparición de la familia.

—Estas cartas son fascinantes —comentó Isabela. — Nos dan una idea de lo que le pasó a la familia y por qué estuvieron involucrados en tantos conflictos.

Gabriel asintió, mirando las cartas con interés. La historia contada en las cartas parecía entrelazarse con acontecimientos actuales, sugiriendo que existía una conexión entre el pasado y el presente.

Mientras revisaban los documentos, Gabriel e Isabela se dieron cuenta de que faltaba una referencia a un viejo diario. El diario parecía contener información crucial sobre la familia y los acontecimientos que condujeron a su desaparición.

"Parece que necesitamos encontrar este diario", dijo Gabriel. — Si podemos localizarlo, podremos saber más sobre lo que está pasando ahora.

Decididos a seguir el ejemplo, Gabriel e Isabela continuaron su investigación, explorando la mansión y buscando cualquier señal del diario perdido. Encontraron algunos muebles viejos y objetos personales, pero aún faltaba el diario.

Luego de una búsqueda exhaustiva, Gabriel e Isabela decidieron que necesitaban regresar a la ciudad y buscar más información sobre el diario. El descubrimiento de las cartas y los documentos había proporcionado información valiosa sobre el pasado, pero el diario parecía ser la clave para comprender plenamente lo que estaba sucediendo.

Al regresar a la ciudad, buscaron personas que pudieran tener conocimiento sobre el diario o que pudieran ayudar con la investigación. Hablaron con los vecinos, visitaron archivos históricos y buscaron cualquier pista que pudiera conducirles al diario perdido.

El día pasó rápido y al final de la tarde, Gabriel e Isabela estaban cansados, pero decididos. La búsqueda del diario continuaría al día siguiente y estaban ansiosos por descubrir más sobre la conexión entre el pasado y el presente.

Mientras se preparaban para la noche, Gabriel e Isabela estaban conscientes de que la investigación apenas comenzaba. El descubrimiento de las cartas y los documentos había revelado una historia compleja llena de secretos, y la búsqueda del diario perdido prometía traer nuevas revelaciones.

El capítulo 13 es un viaje en busca de respuestas, donde Gabriel e Isabela exploran la mansión abandonada y descubren viejas cartas que ofrecen una visión del pasado. La búsqueda del diario perdido se convierte en el próximo objetivo, prometiendo nuevas revelaciones y desafíos. La tensión y la intriga siguen creciendo, a medida que los dos protagonistas se acercan a la verdad que podría desentrañar el misterio que los rodea.

CAPÍTULO 14: "ENTRE LA LUZ Y LA SOMBRA"

El amanecer trajo aire fresco y prometedor a Gabriel e Isabela. El nuevo día fue anunciado con un sentimiento de expectación. Habían planeado un día de meticulosa investigación, centrada en encontrar el diario perdido que, según documentos encontrados en la mansión, fue crucial para desentrañar los secretos que los rodeaban.

Después de un desayuno rápido y energético, se prepararon para explorar los archivos históricos de la ciudad, creyendo que podrían encontrar pistas sobre el diario. El archivo era un edificio antiguo e imponente, lleno de documentos y registros históricos que podían arrojar luz sobre el pasado de la familia mencionada en las cartas.

Al llegar al archivo, Gabriel e Isabela fueron recibidos por un bibliotecario amigable y conocedor, quien los guió sobre cómo acceder a los registros. El ambiente del lugar era de seriedad y respeto por la historia, con estanterías llenas de expedientes y libros antiguos que habían sido testigos del paso de los años.

— Buscamos cualquier información sobre un diario perdido de una familia influyente que desapareció hace décadas — explicó Gabriel, mientras le entregaba al bibliotecario una copia de las cartas encontradas en la mansión. — Pensamos que podría haber alguna referencia a él aquí.

El bibliotecario examinó los documentos con interés y, después de unos minutos de búsqueda, señaló una sección específica donde se guardaban los registros antiguos. Gabriel e Isabela se dirigieron hacia allí, ansiosos por comenzar la investigación.

La sección de registros históricos era un laberinto de estanterías y archivos, con documentos almacenados en carpetas y cajas de archivos. Comenzaron a buscar cualquier referencia al diario perdido, revisando cada entrada cuidadosamente. Gabriel se centró en documentos relacionados con la familia y hechos relevantes, mientras Isabela investigó registros de correspondencia y notas personales.

Después de horas de búsqueda, Isabela encontró un objeto intrigante: un registro de inventario de documentos pertenecientes a la familia desaparecida. El inventario mencionaba varios objetos valiosos, entre ellos un diario de gran importancia. El diario figuraba como "desaparecido", lo que sugería que alguien sabía de su existencia pero que ya no estaba disponible.

— Gabriel, mira esto — llamó Isabela sosteniendo el disco con mirada de emoción. — El diario aparece aquí, pero parece haber estado desaparecido durante algún tiempo.

Gabriel examinó el registro con atención. Había una nota que decía que el diario había sido prestado a un historiador local años atrás pero nunca fue devuelto. El nombre del historiador quedó registrado en el documento, y Gabriel e Isabela decidieron que esa era la siguiente pista a seguir.

— Necesitamos encontrar a este historiador — dijo Gabriel, decidido. — Si todavía está en la ciudad, es posible que sepa dónde está el diario ahora.

El bibliotecario ayudó a localizar la dirección del

historiador mencionado en el registro, y Gabriel e Isabela partieron hacia la residencia del hombre. La dirección conducía a una casa antigua en un barrio tranquilo, con un jardín bien cuidado y un ambiente de serenidad.

Al llegar, fueron recibidos por una anciana que les informó que el historiador había fallecido hacía unos años. Sin embargo, mencionó que había dejado muchos de sus documentos y libros a un grupo de investigación histórica local.

— Deben estar en la biblioteca comunitaria — explicó la mujer. — Allí trabajaba el historiador y donde se guardan sus archivos.

Gabriel e Isabela le agradecieron la información y se dirigieron a la biblioteca comunitaria. El lugar era más pequeño que el archivo histórico, pero aún estaba lleno de libros y documentos antiguos. Fueron recibidos por un grupo de dedicados investigadores que trabajaban en la organización de los documentos dejados por el historiador.

— Estamos buscando un diario que fue mencionado en documentos antiguos — explicó Gabriel. — El diario fue prestado al historiador hace muchos años y aparentemente nunca fue devuelto. Sabemos que dejó sus archivos aquí. ¿Podríamos echar un vistazo?

Los investigadores fueron comprensivos y los condujeron al área donde se guardaban los documentos del historiador. Gabriel e Isabela comenzaron a revisar las cajas y carpetas, buscando alguna referencia al diario. Pasaron horas revisando los archivos, pero el diario seguía siendo difícil de alcanzar.

Mientras investigaba, Isabela encontró una caja con la etiqueta "Documentos personales del historiador". En su interior había una serie de notas y correspondencia que no parecían estar directamente relacionadas con el diario, pero que contenían información sobre las investigaciones del historiador y sus contactos con otras personas importantes de la ciudad.

—Esto podría darnos una idea de lo que pasó con el diario —sugirió Isabela. — Si estuvo en contacto con otras personas, tal vez sepan dónde está el diario ahora.

Gabriel estuvo de acuerdo y los dos comenzaron a revisar las notas y la correspondencia. Encontraron varias referencias a una figura influyente en la ciudad, un coleccionista de arte y antigüedades conocido por su interés en documentos históricos raros. El nombre de esta persona era Lorenzo Moretti.

"Parece que Lorenzo Moretti puede tener alguna información", dijo Gabriel, examinando una carta que mencionaba a Moretti. — Hablemos con él y veamos qué sabe sobre el diario.

Con el nuevo objetivo en mente, Gabriel e Isabela se dirigieron a la residencia de Lorenzo Moretti. La casa era una mansión opulenta, que reflejaba el estatus y la riqueza de su propietario. El jardín estaba impecablemente mantenido y el edificio exudaba un aura de lujo y sofisticación.

Al llegar, fueron recibidos por un elegante mayordomo que los condujo a la oficina de Moretti. El hombre, que parecía tener unos cincuenta años, tenía una presencia imponente y una mirada astuta. Los recibió con una sonrisa cordial, pero con aire de cautela.

- ¿Le puedo ayudar en algo? preguntó Moretti, ofreciéndoles asientos en una sala decorada con obras de arte y antigüedades.

Gabriel e Isabela explicaron su búsqueda del diario perdido y mencionaron la conexión con el historiador fallecido y los documentos encontrados en la biblioteca comunitaria.

— Ah, sí, conozco al historiador — dijo Moretti, después de escuchar la historia. — Era un hombre apasionado por su investigación y, de hecho, poseía una vasta colección de documentos. Sin embargo, no recuerdo haber visto mencionado ningún diario específico.

Hizo una pausa, pensativo. — Es posible que el diario esté en algún lugar de mi colección personal, ya que solía adquirir muchos documentos y libros raros. Si quieres, puedo pedirles a mis asistentes que me ayuden a buscar mis archivos.

Gabriel e Isabela le agradecieron la ayuda y esperaron mientras Moretti dirigía a sus asistentes a buscar en la colección personal. El proceso tomó algún tiempo y Gabriel e Isabela estaban ansiosos pero confiados de que estaban cada vez más cerca de resolver el misterio.

Finalmente, uno de los asistentes regresó con una caja de documentos y una sonrisa en el rostro.

— Encontramos algo que podría ser relevante — dijo el asistente, entregándole la caja a Moretti. — Es un conjunto de documentos antiguos que se guardaban en una sección separada de la colección.

Moretti examinó la caja y empezó a hojear los documentos. Su mirada se volvió más atenta cuando encontró un diario cubierto de polvo y que parecía haber sido olvidado durante muchos años.

— Parece que encontramos lo que buscaban — dijo Moretti, entregándoles el diario a Gabriel e Isabela. — Este es el diario mencionado en las cartas.

Gabriel e Isabela tomaron el diario con una mezcla de alivio y emoción. El libro estaba en mal estado, pero las marcas y el desgaste eran evidentes de que se trataba de un artículo valioso y antiguo. Abrieron el diario y comenzaron a hojear las páginas, que estaban llenas de notas, reflexiones y correspondencia.

Las páginas del diario revelaron una visión aún más profunda de los acontecimientos pasados y los conflictos que habían involucrado a la familia desaparecida. El autor del diario describió sentimientos de traición, amor y una búsqueda desesperada de justicia. Las notas proporcionaban detalles sobre los acontecimientos que llevaron a la desaparición de la familia y contenían pistas sobre la participación de otras figuras influyentes.

— Eso es increíble — comentó Isabela, mientras leía un pasaje particularmente revelador. — Estas notas pueden ayudarnos a comprender lo que realmente sucedió y cómo se relaciona con los acontecimientos actuales.

Gabriel asintió, absorbiendo la información mientras hojeaba el diario. Ahora estaban más cerca de descubrir la verdad detrás del misterio y de encontrar respuestas a los desafíos que enfrentaban.

Con el diario en mano, Gabriel e Isabela supieron que la siguiente etapa de su viaje sería interpretar la información revelada y utilizar estas pistas para desentrañar la compleja red de secretos e intrigas que se habían desarrollado a lo largo de los años. El capítulo 14 es un hito importante en la investigación, donde Gabriel e Isabela hacen un descubrimiento crucial que promete sacar a la luz más revelaciones y desafíos.

CAPÍTULO 15:
"MARCAS DEL TIEMPO"

El peso del diario en las manos de Gabriel e Isabela era una mezcla de alivio y aprensión. Después de semanas de búsqueda e investigación, finalmente tenían ante ellos una pieza esencial del rompecabezas que podía responder innumerables preguntas y resolver los misterios que habían enfrentado. La ansiedad era palpable mientras se preparaban para explorar el contenido del diario.

El diario estaba cubierto con una cubierta de cuero gastada y presentaba evidentes signos de envejecimiento, con páginas amarillentas y frágiles. Gabriel e Isabela regresaron a la mansión donde todo comenzó, esperando que la familiaridad del lugar pudiera aclarar los misterios que estaban a punto de desentrañar.

Al entrar a la biblioteca de la mansión, que ahora se había convertido en un refugio seguro y un centro de operaciones para sus investigaciones, Gabriel se acomodó en el cómodo sillón mientras Isabela se sentaba a su lado, trayendo consigo una lupa y una caja de herramientas de restauración que había comprado para cuidar las frágiles páginas.

— Empecemos analizando las primeras páginas — sugirió Gabriel, abriendo con cuidado el diario y comenzando a hojear las primeras entradas. — Podemos encontrar pistas iniciales que nos ayudarán a comprender el contexto general.

Las primeras páginas estuvieron llenas de notas y reflexiones personales que proporcionaron una mirada íntima a la mente del autor. El diario comenzaba con una descripción detallada de los hechos que llevaron a la situación de crisis que atravesó la familia.

— Parece que el diario fue escrito por un familiar que estaba profundamente involucrado en un conflicto interno — observó Isabela, mientras examinaba una anotación de fecha anterior. — Hay una sensación de desesperación y preocupación creciente.

Gabriel leyó en voz alta uno de los pasajes más reveladores:

"Hoy, el peso de los secretos es más fuerte que nunca. La verdad que hemos ocultado durante tanto tiempo está a punto de revelarse. La traición está cerca y la confianza entre nosotros se está desmoronando. Debemos encontrar una manera de proteger lo que aún tenemos. , antes de que sea demasiado tarde."

La descripción era evocadora y sugería que la familia enfrentaba una traición y una crisis interna. Las páginas siguientes detallan la creciente desconfianza y los conflictos que surgieron dentro de la familia y con sus asociados.

— Esto es un indicio de que algo muy grave estaba pasando — comentó Gabriel. — Quizás algún tipo de conspiración o un secreto tan profundo que ponía a todos en peligro.

Mientras continuaban leyendo, encontraron pasajes sobre reuniones secretas y correspondencia con figuras influyentes, incluidas referencias a un hombre misterioso que parecía desempeñar un papel crucial en la situación. Este hombre, conocido sólo por sus iniciales, "L.M.", estuvo involucrado en un plan que parecía tener ramificaciones mucho mayores de las que nadie imaginaba.

—Lorenzo Moretti—murmuró Isabela reconociendo las iniciales. — Es posible que haya jugado un papel más importante de lo que pensábamos. Tu conexión con el diario puede ser más profunda que un simple interés por documentos antiguos.

Gabriel estuvo de acuerdo, mientras su mente corría con la posibilidad de que Moretti pudiera haber sido un agente clave en el complot que involucraba a la familia desaparecida. El descubrimiento pareció abrir una nueva línea de investigación que habría que explorar con atención.

— Necesitamos encontrar más información sobre Moretti y su relación con "L.M." mencionado en el diario", dijo Gabriel. — También es importante comprobar si hay referencias a otros personajes que puedan estar involucrados en la trama.

Continuando con la lectura, Gabriel e Isabela encontraron más detalles sobre el entorno social y político de la época, revelando que el conflicto no solo era personal, sino que también estaba profundamente arraigado en cuestiones de poder e influencia. El diario mencionaba reuniones secretas en lugares ocultos y comunicaciones cifradas que parecían ser un código para transmitir información crítica.

— Estos códigos pueden ser un desafío descifrar, pero son la clave para entender completamente lo que pasó — observó Isabela, sacando una pequeña libreta y anotando las cifras y patrones que habían encontrado.

El trabajo fue minucioso y agotador, pero cada pequeño descubrimiento aportaba una pieza adicional al rompecabezas. La sensación de progreso era alentadora, pero también tenía una carga emocional considerable, ya que lo que se revelaba los vinculaba a hechos y personajes del pasado que tuvieron un profundo impacto en el presente.

Mientras trabajaban, el teléfono de Gabriel sonó,

interrumpiendo el silencio concentrado en la habitación. Fue una llamada inesperada de un antiguo colega periodista, alguien con quien había trabajado años atrás y que ahora cubría una serie de acontecimientos políticos en un pueblo vecino.

— Gabriel, me enteré de tu reciente investigación y pensé que podría ser relevante — dijo el colega, con un tono de urgencia en su voz. — Encontré algunos documentos que parecen conectar con lo que usted está investigando. Hay algunas conexiones interesantes que pueden arrojar luz sobre los eventos que estás descubriendo.

La oferta del colega parecía providencial y Gabriel e Isabela decidieron que era hora de explorar esta nueva pista. Luego de una breve llamada telefónica para programar una reunión, se prepararon para el viaje a la ciudad vecina donde se encontraba el colega.

Al llegar al despacho del periodista, fueron recibidos con una cálida bienvenida. El colega, un hombre de mediana edad y expresión decidida, los condujo a una sala llena de expedientes y documentos.

— Esto es lo que encontré — dijo el colega, entregándole a Gabriel una carpeta llena de documentos. — Hay algunas pruebas que vinculan a Lorenzo Moretti con actividades cuestionables y algunas referencias a "L.M." que puede estar relacionado con lo que encontraste en el diario.

Gabriel examinó detenidamente los documentos y encontró informes de investigaciones anteriores que vinculaban a Moretti con una serie de transacciones financieras y acuerdos secretos con otras figuras influyentes. La evidencia sugirió un patrón de manipulación y control que podría haber tenido un impacto significativo en las vidas de los involucrados.

— Esto confirma muchas de nuestras sospechas —

comentó Gabriel, compartiendo sus descubrimientos con Isabela. — Moretti estuvo involucrado en actividades que podrían tener un profundo impacto en los hechos que estamos investigando.

El periodista también informó sobre algunas reuniones secretas que habían tenido lugar en una finca en las afueras de la ciudad, donde Moretti parecía haber mantenido importantes conversaciones con otras figuras clave. Estas reuniones estuvieron a menudo rodeadas de secreto y seguridad, lo que indicaba la gravedad de los asuntos discutidos.

— Esto nos da una dirección clara para nuestra próxima investigación — dijo Isabela, emocionada por la nueva información. — Necesitamos explorar estas reuniones y comprender el papel que jugó Moretti en ellas.

De regreso a la mansión, Gabriel e Isabela se prepararon para la siguiente fase de su investigación. El descubrimiento de las reuniones secretas y la conexión Moretti prometía revelar más sobre la compleja trama de secretos y traiciones que había sido desenterrada.

Con el diario revelando más y más secretos y nuevas pistas, el siguiente paso sería seguir los rastros dejados por Moretti y los demás involucrados. La búsqueda de la verdad estaba lejos de terminar, pero Gabriel e Isabela estaban más decididos que nunca a desenterrar lo que se escondía en las sombras del pasado.

El capítulo 15 marca un punto crucial en la investigación, donde Gabriel e Isabela encuentran información que vincula a Lorenzo Moretti con eventos pasados y revela nuevos detalles sobre las conspiraciones que rodean a la familia desaparecida. La combinación de descubrimientos y nuevas pistas prepara el escenario para la conclusión de la investigación, preparándolos para enfrentar los desafíos finales y resolver el misterio de una vez por todas.

CAPÍTULO 16: "DESCUBRIENDO LOS SECRETOS DE MONTEVERDE"

El crepúsculo se apoderó de la ciudad de Monteverde, arrojando una luz dorada sobre los edificios antiguos y las calles sinuosas. Gabriel e Isabela estaban al borde de una nueva fase de su investigación. La información que habían obtenido sobre las reuniones secretas de Lorenzo Moretti en Monteverde les hizo creer que la ciudad podría tener la clave para resolver el misterio que habían perseguido durante tanto tiempo.

El plan era claro: necesitaban investigar la propiedad mencionada en los documentos que les había proporcionado su colega periodista. Esta propiedad, una antigua mansión situada en las afueras de la ciudad, parecía ser el epicentro de las conspiraciones y transacciones secretas de Moretti.

Llegaron a la ciudad de noche, cuando la mayoría de los habitantes se disponían a descansar. La mansión en cuestión, una construcción majestuosa con una fachada imponente y un vasto terreno, estaba envuelta en un velo de misterio. La arquitectura victoriana de la propiedad parecía un eco de tiempos pasados, imponente y al mismo tiempo siniestra, como si guardara secretos que estaban a punto de ser desenterrados.

Gabriel e Isabela estacionaron el auto en una calle cercana y se prepararon para acercarse discretamente. El plan era ingresar a la propiedad por la noche, cuando la seguridad sería mínima y la probabilidad de ser detectado era menor.

— Hay que tener cuidado — advirtió Gabriel, mientras revisaba el equipo de infiltración. — La seguridad debe ser más estricta de lo normal, considerando el nivel de secreto involucrado.

Isabela asintió, ajustando la radio y revisando el plan. Estaban preparados para todo, desde encontrarse con guardias hasta lidiar con sofisticados sistemas de seguridad. Investigaciones anteriores habían indicado que la mansión estaba protegida por alarmas y cámaras de vigilancia, lo que requería un enfoque cuidadoso y meticuloso.

Al acercarse a la mansión, Gabriel e Isabela utilizaron la oscuridad como aliada, evitando zonas iluminadas y movimientos bruscos. Las sombras de los árboles y arbustos les ofrecieron protección mientras se acercaban a la entrada principal. Gabriel, con un dispositivo de desactivación de alarmas en mano, trabajó para neutralizar los sistemas de seguridad sin disparar ninguna alarma.

Con un clic apenas audible, la puerta principal se abrió, permitiéndoles entrar a la mansión. El interior estaba envuelto en un silencio casi absoluto, roto sólo por el sonido de tus cuidadosos pasos resonando en las paredes de piedra.

— Busquemos la sala de reuniones — susurró Gabriel, dirigiéndose hacia lo que parecía ser un gran salón, según la distribución del inmueble encontrada en los documentos. — Ahí es donde deberíamos encontrar pistas sobre las reuniones secretas.

El salón era imponente, con un techo alto y candelabros de cristal que, incluso en su decadencia, exudaban un aura de opulencia. Se dispusieron muebles antiguos y tapices polvorientos para crear una sensación de grandeza pasada. Gabriel e Isabela comenzaron a inspeccionar cada rincón de la habitación, buscando cualquier señal que pudiera indicar actividad reciente u oculta.

Isabela se centró en una antigua zona de oficinas, donde encontró un conjunto de documentos escondidos detrás de una estantería. El papeleo estaba polvoriento y desorganizado, pero algunas carpetas llamaron su atención. Parecían estar relacionados con transacciones financieras y correspondencia cifrada.

— Gabriel, mira esto — llamó Isabela extendiéndole una de las carpetas. — Estos documentos pueden contener información crucial.

Gabriel tomó la carpeta y examinó los documentos. Algunos eran registros de transacciones financieras que a primera vista parecían no tener sentido, pero otros contenían mensajes codificados. Comenzaron a transcribir y descifrar los mensajes, revelando detalles sobre reuniones secretas, planes y una serie de nombres que eran de interés para su investigación.

Mientras trabajaban en la decodificación, el sonido de pasos en el piso de arriba llamó su atención. Gabriel e Isabela rápidamente se escondieron detrás de un gran mueble, esperando en silencio. La presencia de alguien en la mansión fue inesperada y podría significar que estaban a punto de enfrentar un nuevo obstáculo.

Los pasos se acercaron y, para su sorpresa, un hombre entró en la habitación. Era un individuo de mediana edad, vestía un traje elegante y llevaba un maletín. Gabriel e Isabela apenas podían creer lo que veían; el hombre parecía tener aire de autoridad, y su presencia indicaba que estaba allí por algo importante.

El hombre comenzó a revisar documentos y parecía estar preparándose para una reunión o presentación. Sus movimientos eran meticulosos y tomaba notas en una hoja de papel mientras examinaba los documentos que encontraba.

"Necesitamos descubrir quién es este hombre y qué está haciendo aquí", susurró Gabriel. — Podría ser crucial para comprender el papel de Lorenzo Moretti y el resultado de esta investigación.

Gabriel e Isabela observaron atentamente, tratando de captar cualquier información que pudiera ser útil. El hombre, al cabo de un rato, cerró la maleta y salió de la habitación, dirigiéndose a una oficina en el piso superior. Esto les dio a Gabriel e Isabela la oportunidad de explorar el salón sin ser vistos.

— Sigamos — sugirió Gabriel. — Necesitamos ver qué está haciendo en la oficina.

Subiendo con cuidado las escaleras, se acercaron a la puerta de la oficina y encontraron una pequeña abertura que permitía ver el interior. La oficina estaba bien decorada, con muebles de madera oscura y una mesa grande con varios papeles y archivos.

El hombre estaba frente a la mesa, revisando un conjunto de documentos y tomando notas en un cuaderno. Gabriel e Isabela pudieron ver que se trataba de información relacionada con Lorenzo Moretti y otras personas de influencia. Parecía que estaba organizando una reunión o un plan estratégico que involucraba una serie de eventos futuros.

— Necesitamos encontrar una manera de acceder a estos

documentos sin ser detectados — dijo Gabriel, analizando el entorno. — Tal vez podamos encontrar una manera de obtener una copia o acceder a la información mientras él no está.

Mientras el hombre seguía trabajando, Gabriel e Isabela decidieron explorar otras partes de la mansión en busca de más pistas. Descubrieron una sala de archivos subterránea, donde encontraron una gran cantidad de documentos relacionados con las actividades de Moretti y las reuniones secretas que habían tenido lugar en la mansión.

— Estos archivos podrían contener información valiosa — dijo Isabela examinando los documentos. — Necesitamos digitalizar y catalogar todo lo que podamos encontrar.

El trabajo fue intenso y requirió varias horas de dedicación. Pudieron recopilar una gran cantidad de información, incluidos detalles sobre eventos secretos, transacciones financieras e individuos involucrados en las conspiraciones. Los documentos proporcionaban una idea clara de cómo Lorenzo Moretti había manipulado la situación y cuáles eran sus verdaderos objetivos.

Con la información recopilada, Gabriel e Isabela regresaron a la mansión para revisar lo que habían encontrado. La noche había sido larga y el cansancio empezaba a pasarles factura. Sin embargo, la sensación de progreso y el descubrimiento de información crucial proporcionaron un impulso de energía y determinación.

— Estamos más cerca de descubrir la verdad — dijo Gabriel, mirando a Isabela. — Necesitamos analizar esta información y planificar nuestro próximo paso.

El capítulo 16 revela una nueva fase de la investigación de Gabriel e Isabela, mientras exploran la mansión en Monteverde y encuentran documentos e información cruciales sobre Lorenzo

Moretti y sus actividades secretas. El descubrimiento de un nuevo personaje y el análisis de documentos proporcionan pistas importantes sobre el desenlace de la trama, preparándolos para la resolución final de los misterios que han estado persiguiendo.

CAPÍTULO 17:
"ENTRE LA LUZ Y LA OSCURIDAD"

El sol comenzaba a salir sobre Monteverde, bañando la ciudad con una luz suave y dorada. Gabriel e Isabela estaban agotados, pero la adrenalina de la noche anterior los mantuvo alerta. Con la información recién descubierta sobre Lorenzo Moretti y sus asociados, estaban listos para enfrentar nuevos desafíos y resolver el enigma que habían perseguido durante tanto tiempo.

Mientras se preparaban para la mañana, Gabriel revisó los documentos que habían recogido, mientras Isabela preparaba el desayuno. El silencio de la mañana contrastaba con el bullicio de la noche anterior, y ambos eran conscientes de que el día traería nuevas revelaciones.

— Mira esto, Isabela — dijo Gabriel, mostrando uno de los documentos más enigmáticos. — Este registro financiero muestra una serie de transferencias de grandes cantidades de dinero a una cuenta que parece estar conectada a una empresa ficticia.

Isabela se inclinó para examinar el documento más de cerca, sus ojos escaneando cada línea con atención. — Esto confirma que hay una fachada financiera involucrada — comentó. — ¿Y si esta empresa es una fachada para algo más siniestro?

Necesitamos entender quién está detrás de esta estructura y cuál es su propósito.

La mañana avanzó rápidamente mientras Gabriel e Isabela trabajaban en un plan para investigar más a fondo la empresa ficticia mencionada en los documentos. Decidieron que el siguiente paso sería visitar la empresa e intentar averiguar si había alguna pista sobre las verdaderas intenciones de Moretti.

La empresa, cuyo nombre era "Innovatech Solutions", estaba ubicada en un moderno edificio de oficinas en las afueras de la ciudad. La fachada del edificio era impresionante, con ventanas con espejos y una elegante recepción. La primera impresión fue la de una empresa legítima y bien establecida, pero Gabriel e Isabela sabían que las apariencias engañan.

Al llegar al lugar, fueron recibidos por una amable recepcionista que les preguntó el motivo de su visita. Gabriel se presentó como un consultor empresarial interesado en conocer más sobre la empresa y sus operaciones, mientras que Isabela utilizó un enfoque similar, presentándose como una periodista que buscaba una historia sobre innovaciones tecnológicas.

— Nos interesa entender más sobre los proyectos de Innovatech y cómo la empresa está contribuyendo al avance de la tecnología — explicó Gabriel, intentando sonar lo más convincente posible. — Nos gustaría programar una reunión con alguien que pueda brindarnos más información.

La recepcionista, tras comprobar disponibilidad, los dirigió a la sala de espera. El área estaba decorada de manera sofisticada, con obras de arte modernas y muebles cómodos. Gabriel e Isabela se tomaron el tiempo para observar el ambiente y preparar su acercamiento al encuentro.

Después de una breve espera, los llevaron a una sala de conferencias donde se reunieron con Richard Simmons, director ejecutivo de Innovatech Solutions. Richard era un hombre de mediana edad con una apariencia bien arreglada y un aire de confianza. Los saludó cordialmente y los invitó a sentarse.

— Es un placer darle la bienvenida. ¿Cómo puedo ayudar? — preguntó Richard, con una sonrisa amistosa.

Gabriel e Isabela presentaron sus preguntas sobre los proyectos de la empresa y Richard respondió con entusiasmo. Habló de las innovaciones tecnológicas de Innovatech y de sus planes de futuro, aparentemente sin omitir detalles. Sin embargo, Gabriel e Isabela estuvieron atentos a cualquier inconsistencia en sus respuestas.

— Interesante, Richard — comentó Isabela, mientras Gabriel tomaba notas. — Mencionó varias asociaciones e inversiones. ¿Podrías contarnos un poco más sobre los principales socios de la empresa?

Richard vaciló un momento antes de responder. — Tenemos varias asociaciones con empresas líderes en tecnología e investigación. Sin embargo, algunos detalles sobre estas asociaciones son confidenciales.

La respuesta de Richard fue evasiva y Gabriel e Isabela notaron el cambio en su tono. Decidieron continuar el acercamiento, intentando obtener más información de forma sutil.

"Entiendo", dijo Gabriel. — ¿Qué pasa con tus proyectos más recientes? ¿Hay alguna innovación específica que crea que tendrá un impacto significativo en el mercado?

Richard comenzó a hablar sobre un nuevo y revolucionario proyecto en desarrollo que involucraba inteligencia artificial y análisis de datos a gran escala. La emoción en su voz parecía genuina, pero Gabriel e Isabela eran conscientes de que podía haber capas ocultas debajo de la superficie.

Luego de la reunión, Gabriel e Isabela dejaron Innovatech Solutions con una mezcla de frustración y esperanza. La empresa parecía estar involucrada en actividades legítimas, pero la información evasiva y el carácter confidencial de algunos detalles despertaron sospechas.

De regreso al hotel, Gabriel e Isabela discutieron sus hallazgos y planificaron su próximo paso. Decidieron investigar más a fondo las conexiones entre Innovatech y otras entidades mencionadas en los documentos, además de explorar posibles vínculos con Lorenzo Moretti.

Cayó la noche y la ciudad de Monteverde quedó envuelta en un aura de misterio y expectación. Gabriel e Isabela estaban decididos a descubrir los secretos que aún quedaban y resolver el enigma que los había llevado hasta allí.

Mientras caminaban por las calles iluminadas por la luna, sus pensamientos estaban ocupados con posibles conexiones entre los documentos que habían encontrado y la información obtenida del encuentro con Richard Simmons. La sensación de estar al borde de una gran revelación era palpable y ambos estaban ansiosos por descubrir la verdad.

Sin embargo, la búsqueda de la verdad suele ir acompañada de riesgos y peligros. Gabriel e Isabela eran conscientes de que a medida que profundizaran en la investigación, podrían enfrentar obstáculos y desafíos inesperados que pondrían a prueba sus habilidades y determinación.

Mientras se preparaban para una nueva noche de trabajo e investigación, a Gabriel e Isabela los unía su pasión por la verdad y su deseo de exponer la corrupción e intrigas que se habían entrelazado en sus vidas. El siguiente capítulo de la investigación estaba a punto de desarrollarse y estaban listos para afrontar lo que les esperaba.

El capítulo 17 profundiza en la investigación de Gabriel e Isabela, mientras exploran la empresa ficticia Innovatech Solutions y se enfrentan al director ejecutivo, Richard Simmons. La información obtenida y las observaciones realizadas durante la reunión plantean nuevas preguntas y señales de que la verdad aún permanece oculta. El capítulo prepara el escenario para los próximos desafíos y revelaciones en la búsqueda de la verdad sobre Lorenzo Moretti y sus actividades secretas.

CAPÍTULO 18:
"CAMINOS CRUZADOS"

El cielo de Monteverde se tiñó de tonos azules y rosados mientras Gabriel e Isabela se preparaban para afrontar otro día crucial en su investigación. La ciudad comenzaba a despertar y la fresca brisa matutina prometía un nuevo comienzo, pero también una nueva ola de desafíos.

Después de reunirse con Richard Simmons, Gabriel e Isabela sintieron que habían llegado a un punto crucial en su búsqueda. Innovatech Solutions parecía ser un punto clave del rompecabezas, pero aún quedaban muchos vacíos por llenar. Decididos a seguir el rastro dejado por los documentos financieros y las respuestas evasivas del CEO, decidieron investigar más a fondo las conexiones de la empresa con otras entidades.

— Necesitamos verificar todos los registros financieros y las investigaciones de Innovatech — dijo Gabriel, mientras miraba la computadora portátil en su habitación de hotel. — Intentaré encontrar más información sobre los inversores y socios mencionados.

Isabela asintió mientras revisaba los documentos que habían recopilado hasta el momento. — Y me centraré en profundizar en las conexiones entre Innovatech y el círculo de Lorenzo Moretti. Debe haber algo más que podamos encontrar.

Comenzaba el día y se prepararon para una nueva jornada

de trabajo. Primero, decidieron visitar una firma de abogados local que había sido mencionada en los registros financieros de Innovatech. La firma, llamada Blackstone & Associates, era conocida por manejar asuntos corporativos complejos y estaba situada en un elegante edificio de oficinas en el centro de la ciudad.

Cuando llegaron, fueron recibidos por una secretaria que parecía un poco abrumada con el flujo de trabajo. Gabriel explicó que estaban investigando algunos problemas relacionados con inversiones y necesitaban hablar con alguien del equipo legal.

— Puede hablar con el abogado Daniel Weber. Él gestiona muchas de las inversiones de Innovatech, informó el secretario, realizando una rápida llamada para confirmar la disponibilidad de Weber.

Tras una breve espera, los llevaron al despacho de Daniel Weber. Daniel era un hombre de mediana edad con aire de seriedad y comportamiento profesional. Saludó a Gabriel e Isabela con un firme apretón de manos y los invitó a sentarse.

— ¿Cómo puedo ayudarlos? — preguntó Daniel, con una mirada atenta.

Gabriel explicó que estaban analizando las inversiones de Innovatech y que necesitaban información adicional sobre los socios e inversores de la empresa. Daniel escuchó atentamente y, tras una pausa, comenzó a compartir información.

— Innovatech cuenta con varios inversores y socios, muchos de los cuales están involucrados en diferentes sectores de la tecnología y las finanzas. Algunos de los detalles son confidenciales debido a acuerdos de confidencialidad, pero puedo proporcionar información general sobre los principales inversores.

Mientras Daniel hablaba, Gabriel e Isabela anotaron cuidadosamente cada detalle. Daniel mencionó que la empresa tenía alianzas con varias instituciones financieras y empresas de tecnología, algunas de las cuales eran muy conocidas en el mercado. Sin embargo, también indicó que hubo algunos inversionistas cuya identidad se mantuvo confidencial por razones de seguridad y privacidad.

— Entiendo — dijo Gabriel, al final de la reunión. — Realmente apreciamos tu ayuda. Si surge cualquier otra información relevante, lo mantendremos informado.

Después de salir de la oficina de Daniel Weber, Gabriel e Isabela se dirigieron a un café cercano, donde discutieron sus hallazgos.

— La información sobre los inversionistas es útil, pero aún no tenemos nada concreto sobre las conexiones con Lorenzo Moretti — comentó Isabela. — Necesitamos explorar otras fuentes y tal vez encontrar algún vínculo que vincule directamente a Innovatech con él.

Gabriel estuvo de acuerdo y, mientras tomaban café, comenzó a revisar los contactos y registros financieros que habían recopilado. Una idea le vino a la mente.

— ¿Y si buscáramos alguna conexión entre los socios de Innovatech y el círculo de Moretti? Puede que haya alguna intersección que aún no hayamos identificado.

Isabela sonrió al escuchar la sugerencia. — Gran idea. Analicemos las conexiones entre los inversores y veamos si podemos encontrar algún patrón o relación con los asociados de Moretti.

El resto de la mañana se dedicó a investigar y cruzar datos. La tecnología moderna facilitó el análisis, pero la complejidad de las conexiones exigió un trabajo meticuloso. Gabriel e Isabela pasaron horas investigando y analizando documentos, tratando de encontrar un vínculo que conectara todo.

Alrededor del mediodía, Gabriel encontró algo prometedor. Uno de los inversores mencionados por Daniel Weber estaba asociado a una empresa que, casualmente, tenía relaciones con el grupo de Moretti. Fue una pista que podría ser crucial para comprender la conexión entre Innovatech y Lorenzo.

— Isabela, mira esto — dijo Gabriel, mostrándole el descubrimiento. — Parece que este inversor está directamente relacionado con una empresa también asociada al grupo Moretti. Esta podría ser la clave para conectar los puntos.

Isabela examinó la información cuidadosamente. — Si logramos establecer una relación directa entre este inversor y Moretti, esto podría revelar mucho sobre la operación detrás de Innovatech.

Decididos a seguir el ejemplo, Gabriel e Isabela planearon una visita a la empresa asociada al inversionista. La empresa, llamada Grandview Holdings, estaba ubicada en un imponente edificio de oficinas en el centro financiero de Monteverde. El edificio tenía una apariencia sofisticada, reflejando el éxito y la riqueza de sus propietarios.

Al llegar al lugar, fueron recibidos por una recepcionista que lucía tan elegante como el edificio. Gabriel se presentó como un consultor financiero interesado en discutir oportunidades de inversión e Isabela se presentó como periodista de negocios.

— Estamos aquí para aprender más sobre las oportunidades y asociaciones de Grandview Holdings — explicó Gabriel.

La recepcionista los dirigió a la sala de espera mientras comprobaba la disponibilidad de uno de los directivos de la empresa. Gabriel e Isabela se tomaron el tiempo de observar el ambiente lujoso y elegante de la oficina, lo que indicaba que la empresa estaba en lo más alto del sector financiero.

Después de una breve espera, los condujeron a la sala de conferencias donde se reunieron con Michael Roberts, director ejecutivo de Grandview Holdings. Michael era un hombre de negocios inteligente con un aura de confianza y una mirada perspicaz.

"Es un placer darle la bienvenida", dijo Michael, extendiendo la mano para darle un firme apretón. — ¿Cómo puedo ayudarte hoy?

Gabriel e Isabela comenzaron a discutir las oportunidades de inversión y asociaciones de Grandview Holdings. Michael parecía dispuesto a compartir información y habló sobre las diferentes áreas de actividad de la empresa. Sin embargo, a medida que la conversación giró hacia las conexiones con otros inversores, Michael se volvió más reservado.

— Contamos con una amplia red de inversores y socios — comentó Michael. — Muchas de nuestras relaciones se basan en acuerdos de confidencialidad, por lo que no puedo dar muchos detalles específicos.

Las evasivas de Michael despertaron nuevas sospechas, y Gabriel e Isabela intentaron obtener más información a través de preguntas indirectas. Sin embargo, las respuestas siguieron siendo vagas y parecía que hubo un esfuerzo deliberado por mantener cierta información confidencial.

Luego de la reunión, Gabriel e Isabela se retiraron de Grandview Holdings con sentimientos encontrados. Aunque no pudieron obtener todas las respuestas deseadas, la conexión entre el inversor y el grupo de Moretti siguió siendo prometedora.

Mientras caminaban por las concurridas calles de Monteverde, reflexionaron sobre los descubrimientos del día. El misterio estaba lejos de resolverse, pero cada paso los acercaba a la verdad. Sabían que la investigación estaba llegando a un punto crítico y que el siguiente paso sería fundamental para desentrañar el enigma que habían perseguido.

El capítulo 18 explora las investigaciones de Gabriel e Isabela en busca de una conexión directa entre Innovatech Solutions y Lorenzo Moretti. El capítulo destaca la importancia de seguir pistas y la perseverancia necesaria para encontrar la verdad, preparando el escenario para los desafíos y revelaciones venideras.

t

CAPÍTULO 19: "SOMBRAS DE LA VERDAD"

El anochecer en Monteverde trajo una sensación de calma inquietante, con el sol poniéndose sobre edificios altos y proyectando sombras largas y profundas. Gabriel e Isabela estaban de regreso en el hotel, inmersos en un ambiente de reflexión y anticipación. El camino que habían seguido hasta Grandview Holdings parecía prometedor, pero el camino para descubrir la verdad estaba plagado de incertidumbre y complejidades.

Después de reunirse con Michael Roberts, pasaron la noche revisando los datos y preparándose para el siguiente paso de su investigación. La oficina de Gabriel estaba llena de papeles, documentos y notas sobre Innovatech y sus conexiones con el grupo de Moretti. Isabela, sentada a su lado, examinaba atentamente la información que habían recopilado.

— Necesitamos saber más sobre la conexión entre Grandview Holdings y el grupo de Moretti — dijo Isabela, mirando un mapa con notas y marcas. — Si podemos rastrear el papel que desempeña esta empresa en la red de Moretti, podríamos encontrar un vínculo crucial.

Gabriel estuvo de acuerdo, su mente dando vueltas alrededor de las posibilidades. - Estoy de acuerdo. Pero debemos ser cautelosos. Parece que hay una red de secretos y engaños en juego. La información que tenemos es insuficiente para establecer una conexión definitiva, pero todavía hay algunas vías que podemos explorar.

Decidieron que el siguiente paso sería investigar los registros públicos de Grandview Holdings y comprobar si había vínculos con entidades o individuos que pudieran estar asociados con el grupo de Moretti. Comenzaron a buscar información sobre adquisiciones recientes, transacciones financieras y eventos corporativos relevantes.

Mientras trabajaban, un nuevo pensamiento apareció en la mente de Gabriel. Había algo familiar en la forma en que Michael Roberts evitaba responder preguntas sobre inversores y socios. Recordó un enfoque similar que había encontrado en un caso anterior. Quizás la evasión fuera una señal de que algo más se ocultaba.

— Isabela, ¿recuerdas aquella vez que investigamos una red de inversiones que involucraba a una empresa fantasma? — preguntó Gabriel mirando a su colega.

Isabela pensó por un momento y luego asintió. — Sí, hubo un patrón de evasión e intentos de desviar la atención hacia otros temas. Podría ser que aquí estemos ante algo similar.

Con esto en mente, Gabriel e Isabela decidieron que debían ampliar su investigación para investigar posibles empresas fantasma o entidades ficticias que podrían estar ocultando la verdadera naturaleza de las operaciones de Grandview Holdings. Además, consideraron que podría haber intermediarios o consultores que desempeñaran un papel en ocultar conexiones más profundas.

La noche fue larga y llena de intenso trabajo. Utilizaron recursos en línea para buscar información sobre Grandview

Holdings y sus conexiones, verificaron registros corporativos, publicaciones de noticias e incluso hablaron con contactos financieros que podrían ofrecer información adicional.

Alrededor de la medianoche, Isabela hizo un descubrimiento intrigante. Encontró una referencia a una firma consultora llamada "Sapphire Advisory" que había sido mencionada en varios documentos relacionados con Grandview Holdings. La empresa era conocida por manejar cuestiones de inversión complejas y brindar servicios de asesoramiento a clientes de alto perfil.

— Gabriel, mira esto — dijo Isabela mostrando el descubrimiento. – Sapphire Advisory puede estar desempeñando un papel crucial aquí. Si están involucrados con Grandview Holdings, podría haber una conexión directa con los inversores y el grupo de Moretti.

Gabriel examinó la información con interés. — Esto podría ser exactamente lo que necesitamos. Sapphire Advisory puede estar ayudando a crear un manto de complejidad en torno a estas transacciones. Investiguemos más a fondo esta empresa y veamos si podemos descubrir algún detalle relevante.

La mañana transcurrió entre búsquedas e investigaciones, y al amanecer, Gabriel e Isabela estaban listos para dar el siguiente paso. Se les ocurrió un plan para visitar la oficina de Asesoría de Sapphire e intentar obtener más información directamente de sus representantes.

La oficina de Sapphire Advisory estaba ubicada en un elegante edificio de oficinas en el centro de Monteverde, similar al de otras empresas de alto perfil. El ambiente reflejaba sofisticación y discreción, con una acogida impecable y un ambiente tranquilo y profesional.

Al llegar, fueron recibidos por una recepcionista que

rápidamente revisó el horario de la empresa. Luego, Gabriel e Isabela fueron conducidos a una sala de conferencias donde conocieron a Olivia Carter, consultora senior de Sapphire Advisory. Olivia era una mujer segura de sí misma y de aspecto profesional, con una mirada que transmitía inteligencia y atención al detalle.

— Buenas tardes, señor Gabriel, señorita Isabela — dijo Olivia saludándolos con una sonrisa cordial. — ¿Cómo puedo ayudarte hoy?

Gabriel empezó a explicar que estaban investigando conexiones financieras y que habían encontrado referencias a Sapphire Advisory en los registros de Grandview Holdings. Querían comprender mejor el papel de la empresa y cómo se relacionaba con las inversiones y asociaciones de Grandview.

Olivia escuchó atentamente, manteniendo una expresión neutral. — Sapphire Advisory es una empresa de consultoría que ofrece servicios especializados en finanzas e inversiones. Trabajamos con una variedad de clientes y ayudamos a guiar sus estrategias de inversión y gestión de activos.

Gabriel e Isabela comenzaron a hacer preguntas más específicas sobre los clientes y las transacciones de Sapphire Advisory. Sin embargo, Olivia se mantuvo evasiva con respecto a los detalles confidenciales y mencionó que mucha información estaba protegida por acuerdos de confidencialidad.

La conversación dio un giro delicado cuando Gabriel comenzó a cuestionar la conexión entre Sapphire Advisory y el grupo de Moretti. Olivia, visiblemente incómoda con la pregunta, intentó redirigir la conversación hacia otros temas.

"Entiendo que estás buscando información detallada, pero hay limitaciones en lo que puedo compartir", dijo Olivia, con tono cuidadoso. — Muchas de nuestras transacciones y clientes están protegidos por cláusulas de confidencialidad y no puedo proporcionar información específica sin la autorización adecuada.

La evasiva de Olivia levantó nuevas sospechas. Gabriel e Isabela salieron del encuentro con la sensación de que estaban tocando algo sensible y que la verdad estaba más cerca que nunca. Aunque no obtuvieron las respuestas definitivas que buscaban, su conversación con Olivia confirmó que se ocultaba algo importante.

Después de salir de la oficina de Asesoría Zafiro, Gabriel e Isabela se reunieron para discutir sus próximos pasos. Las piezas del rompecabezas empezaban a encajar, pero todavía quedaba un largo camino por recorrer.

— Las evasivas de Olivia confirman que vamos por el camino correcto — dijo Gabriel. — Si Sapphire Advisory protege la información es porque hay algo importante en juego. Necesitamos continuar investigando y encontrar una manera de obtener los detalles que nos faltan.

Isabel estuvo de acuerdo. — Revisemos todos nuestros registros nuevamente y busquemos conexiones adicionales entre Sapphire Advisory, Grandview Holdings y el grupo de Moretti. Puede haber un patrón o relación que aún no hemos identificado.

Al finalizar el día, Gabriel e Isabela se prepararon para una nueva fase en su investigación. El camino para descubrir la verdad estuvo plagado de desafíos, pero estaban más decididos que nunca a revelar lo que se ocultaba en las sombras de la verdad.

El capítulo 19 explora la persistente búsqueda de respuestas de Gabriel e Isabela mientras investigan Sapphire Advisory y sus conexiones con Grandview Holdings y el grupo de Moretti. El capítulo destaca la importancia de la perseverancia y el análisis detallado en la búsqueda de la verdad, preparando el escenario para la emocionante conclusión de la investigación.

CONSIDERACIONES FINALES

Al cerrar el viaje de "Eyes That Talk", es imposible no reflexionar sobre las profundidades de la complejidad y la emoción que impregnan esta historia. La novela, que comenzó con la promesa de una conexión profunda y misteriosa entre dos mundos distintos, culmina en una narrativa que revela los secretos e intrigas escondidos bajo la superficie de la riqueza y la pobreza.

Lo que comenzamos a explorar, en un contexto de lujo y suspenso, fue la esencia de los ojos parlantes: una poderosa metáfora de las verdades no dichas y las emociones ocultas que dan forma a nuestras vidas y nuestras relaciones. La trama entrelaza la pasión y el deseo con la cruda realidad de los desafíos financieros y sociales, revelando cómo el encanto y la opulencia pueden ocultar realidades más oscuras.

A lo largo de los capítulos, los protagonistas Gabriel e Isabela nos llevaron por un tortuoso camino de revelaciones y descubrimientos. Desde la intrincada red de negocios y los secretos de Grandview Holdings, pasando por las complejas relaciones que involucran a Sapphire Advisory y el enigmático grupo de Moretti, hasta la dinámica misma de sus interacciones, cada elemento de la historia ha sido cuidadosamente desarrollado para crear una trama que es a la vez emocionante y reflexiva. .

En el centro de la narrativa, la búsqueda de la verdad de

Gabriel e Isabela sirve como un reflejo de nuestros propios viajes en busca de claridad y comprensión en un mundo a menudo confuso y multifacético. La novela explora temas universales de amor, ambición y moralidad, desafiándonos a considerar hasta dónde estamos dispuestos a llegar para proteger nuestros intereses o descubrir lo que realmente se esconde debajo de las capas de la realidad.

La conclusión de la historia no sólo cierra el ciclo de misterios y revelaciones, sino que también ofrece una visión más profunda de las motivaciones y elecciones de los personajes. Gabriel e Isabela, luego de sus intensas investigaciones y los desafíos que enfrentaron, llegan a un punto de comprensión y resolución que podría transformar sus vidas de maneras inesperadas. El desenlace es un testimonio de la fuerza de la verdad y de la importancia de mantenerse firme en la búsqueda de la justicia y la claridad, independientemente de las fuerzas que se le opongan.

Además, "Eyes That Talk" es una invitación a reflexionar sobre el poder de los ojos, no sólo como ventanas al alma, sino también como símbolo de verdades que a menudo permanecen tácitas y ocultas. La capacidad de ver más allá de la superficie, de comprender y descifrar signos sutiles y emociones no expresadas, es una lección valiosa que resuena a lo largo de la narrativa y resuena en nuestras propias vidas.

En última instancia, la novela ofrece un rico tapiz de emoción, suspenso y romance, entrelazados con preguntas más profundas sobre la naturaleza de la verdad y la percepción. Las consideraciones finales no son sólo un cierre de la historia, sino una invitación a llevar los temas explorados a lo largo del libro al mundo real, reflexionando sobre cómo podemos aplicar estas lecciones y conocimientos a nuestras propias experiencias e interacciones.

A través de la historia de Gabriel e Isabela, aprendemos

que las verdades más significativas a menudo requieren valentía para revelarse y que el camino hacia el descubrimiento puede estar lleno de desafíos y sorpresas. Pero al final, es el viaje de búsqueda y comprensión de estas verdades lo que enriquece nuestras vidas y nos hace más conscientes de nosotros mismos y del mundo que nos rodea.

Gracias por seguir este viaje emocional e intelectual. Que la búsqueda de la verdad y una comprensión más profunda de las complejidades de la vida continúen inspirándolos y guiándolos, tal como los personajes y la historia de "Eyes That Talk" nos han inspirado y guiado a nosotros.